CRIEMOS

Seguros de sí mismos

NIÑOS

CRIEMOS NIÑOS

Seguros de sí mismos

NIÑOS

DR. C. JAMES DOBSON

EDITORIAL BETANIA

© 1996 EDITORIAL CARIBE
P.O. Box 141000
Nashville, TN 37214-1000, EE.UU.

Tíulo en inglés: *Hide or Seek*
© 1974, 1979 by Fleming H. Revell Co.

Traducido por Luis O. Marauri

ISBN-10: 0-88113-919-X
ISBN-13: 978-0-88113-919-8

Printed In México
11a. Impresión 12/2008

DEDICATORIA

Con el más profundo respeto dedico este libro a mi padre, quien ejerció una enorme influencia en mi vida. Lo observé atentamente durante mi niñez y puedo decir que nunca me desilusionó. Ni una sola vez lo vi transigir en cuanto a sus convicciones y a sus conceptos éticos. Por eso, sus valores morales se convirtieron en los míos y su vida trazó mi camino. Ahora es mi deber ser digno de los dos pequeñitos que me llaman «papá».

CONTENIDO

PREFACIO A LA EDICIÓN REVISADA

Hace cinco años escribí este libro [con el título original de *Hide or Seek*] como una expresión de mi profunda preocupación por los niños de todo el mundo. Desde entonces se han vendido más de 252.000 ejemplares en los Estados Unidos y en muchos otros países. Se ha traducido al alemán, chino, español, portugués y hebreo. Así que me imagino que es conveniente que ahora revele la sencilla historia de cómo llegué a escribir este manuscrito y el porqué casi lo tiro a la basura.

El título de mi primer libro fue: *Atrévete a disciplinar* y lo escribí muy fácilmente durante un período de cinco meses. Por lo tanto, me sentía muy confiado cuando me senté para comenzar a escribir mi segundo libro, este que estás leyendo ahora. Pero Dios me iba a enseñar algunas lecciones sobre la autosuficiencia y la independencia.

Nunca olvidaré que llevé conmigo las primeras sesenta páginas en una ocasión cuando fui a visitar a mis padres en Kansas City. Mi padre siempre había sido mi socio silencioso en proyectos de esta naturaleza. Su juicio, como un crítico firme, pero amoroso, ha sido de un valor incalculable para mí. Esa es la razón por la que, unos pocos minutos después de haber llegado a la casa de mis padres, le pedí que leyera los primeros capítulos.

Papá comenzó a leer el manuscrito mientras yo observaba la expresión de su rostro para tratar de ver señales que revelaran sus pensamientos. Después de haber leído silenciosamente por veinte minutos hizo algo que me dejó desconcertado, ¡bostezó! Créeme, no era un bostezo causado por el sueño. Era un bostezo producido por el aburrimiento. Aquella evaluación, expresada sin palabras, fue como si me hubieran golpeado con un martillo, aunque fue seguida por algunos comentarios corteses como: «Está muy bueno» y «Creo que estás en el camino correcto». Mi padre es un hombre totalmente sincero, pero aunque estaba tratando de animarme, no sonaba convincente. El entusiasmo que había mostrado por cada página de *Atrévete a disciplinar* estaba ausente.

Varios días después metí el manuscrito en mi portafolio y regresé a mi casa. Cada vez que pensaba en continuar escribiendo, podía ver a mi padre bostezando. Finalmente, haciendo uso de toda la autodisciplina posible, empecé a escribir de nuevo. Pero terminaba cada página lentamente y con mucho esfuerzo. Siempre he tenido cierto don especial para las palabras, pero me falló en esa hora de la verdad. Por puro esfuerzo escribí otras sesenta páginas antes de parar de nuevo.

Responsabilidades urgentes en el hospital y en la universidad, me impidieron concentrarme en el libro por varios meses, lo cual condujo a mi esposa Shirley y a mí, a planear unas vacaciones «de trabajo» dedicadas a mi libro. Escogimos el hotel Sheraton en Waikiki Beach, Honolulu, con la esperanza de que la belleza de esa hermosa isla me inspirara. Fue una decisión sabia. Una semana después el libro estaba casi terminado.

Le di una copia escrita a mano a Shirley, en cuyos puntos de vista he aprendido también a confiar, quien salió de la habitación y unas tres horas después regresó con una cara muy seria.

—No puedo explicarlo, Jim —me dijo—. Algo no está bien. Simplemente, no es lógico.

—Sí, lo sé —respondí.

Como hasta ese momento había tenido éxito en casi todo lo que había tratado de realizar, no estaba preparado para ese encuentro con el fracaso. Me parecía ver delante de mí el bostezo de mi padre, como una expresión de burla y desprecio.

Finalmente, le dije a Shirley:

—Sé que los padres y sus hijos necesitan el mensaje de este libro. Ambos están sufriendo y puedo ayudarles. Pero tal vez, por alguna razón, Dios no quiere que lo escriba.

—Entonces, ¿qué piensas hacer? —me preguntó.

—Voy a dedicarle *un* día más a este libro. ¡Solamente *uno*! Voy a atacar todo el manuscrito con unas tijeras, mañana por la mañana. Nada de lo que he escrito estará libre de ser eliminado o cambiado de lugar. También voy a ayunar mañana [estar sin comer y en una atmósfera de oración y dependencia de Dios]. Entonces, si mañana por la noche me sintiera derrotado, tiraré a la basura lo que he escrito y regresaremos a casa.

Después de tener esa conversación nos acostamos a dormir. A la mañana siguiente Shirley y yo empezamos el día orando fervientemente para que Dios nos guiara y bendijera. Ella se fue de compras y yo me puse a trabajar en mi manuscrito. Siete horas después, este libro surgió en una forma bastante igual a la que se ve hoy. Cada parte se unió a las demás como con las piezas de un rompecabezas, como si el Gran Diseñador estuviera guiando mis esfuerzos. Y aunque he escrito muchos otros libros, de los cuales se han vendido millones de ejemplares, este permanece siendo mi favorito hasta este momento.

Ahora es obvio que Dios me permitió experimentar ese período de falta de confianza en mí mismo con un propósito. Nunca antes me había sucedido algo así, ni me ha vuelto a suceder. Yo había comenzado a depender de mí mismo, en vez de ser un instrumento del propósito y el plan de Dios. Creo que Él quería que yo comprendiera que mi «ministerio» a las familias no es mío, sino que es administrado por su mano. Mi respuesta fue entregarle mi pobre talento a la Fuente de la cual lo había recibido originalmente.

¡Ah sí!, en cuanto a mi padre, él leyó todo el manuscrito de un tirón, sin (que yo sepa) ni un bostezo. En realidad, varios años después me dijo que este libro era también *su* favorito de entre todos los que había escrito. Pero, para gran dolor mío, perdí a mi padre el 4 de diciembre de 1977. Aún siento su ausencia y el vacío que dejó al privarme de su incomparable sabiduría y su dirección. Cómo me gustaría pasar otra tarde fresca caminando con él en un parque, intercambiando con él ideas y momentos de inspiración que he tenido desde su partida. Fue un hombre maravilloso que desempeñó una parte muy importante en la formación de mis valores y actitudes, y en la preparación de este libro. Quizá, se vea ahora claramente el porqué se lo dediqué a mi padre.

Espero que disfrutes la lectura de este libro. Pero, ¿me permites que te haga una sencilla petición? Por favor, ¡no bosteces cuando lo leas! Aún no tengo suficiente confianza como para aceptar esa clase de reacción.

JAMES C. DOBSON

INTRODUCCIÓN

John McKay, el famoso entrenador de fútbol de la Universidad del Sur de California, fue entrevistado en la televisión hace algunos años, y durante la entrevista surgió el tema del talento atlético de su hijo. John McKay, hijo, era un excelente jugador en el equipo de su padre. En una ocasión, se le pidió al entrenador que hiciera algún comentario sobre el orgullo que debía sentir por el éxito de su hijo como jugador. Su respuesta fue extraordinaria:

> Sí, estoy contento de que John tuvo una buena temporada el año pasado. Jugó muy bien y *estoy* orgulloso de él. Pero estaría igualmente orgulloso si jamás hubiera jugado ni un partido.

Lo que realmente estaba diciendo, el entrenador John McKay, era que reconocía y apreciaba el talento deportivo de su hijo, pero que su valor humano no dependía de su habilidad como jugador de fútbol. Así que, su hijo no perdería su respeto si la próxima temporada fuera motivo de fracaso y desilusión. El lugar que John ocupa en el corazón de su padre está seguro, no depende de lo que él logre realizar. ¡Ojalá que todos los niños pudieran decir lo mismo!

Por el contrario, el valor humano en nuestra sociedad está cuidadosamente reservado para quienes satisfacen ciertas normas estrictas. Las personas hermosas lo poseen desde que nacen; los muy inteligentes consiguen fácilmente la aprobación de los demás; los atletas más destacados suelen ser respetados. ¡Pero a nadie se le considera valioso sólo porque lo *es*! La aceptación social se concede muy cuidadosamente, asegurándose de excluir a los que no reúnen las condiciones.

Creámoslo o no, un niño de cinco años de edad es capaz de «sentir» su falta de valor personal cuando es sometido a esta clase de sistema de evaluación. La mayoría de los niños han observado, desde muy pequeños, que algunas personas son consideradas valiosas, y que otras no lo son. ¡También saben cuándo se encuentran entre los perdedores! Sin darnos cuenta, nosotros los padres les enseñamos este sistema de muchas maneras distintas, cuando desde su infancia comenzamos a ponerle precio al valor humano. El resultado de esto es sentimientos de inferioridad ampliamente difundidos, de los cuales probablemente tú y yo hemos sido víctimas.

Pero, ¡hay un camino mejor! El propósito de este libro es ayudar a los padres y a los maestros a criar niños saludables que confíen en sí mismos. Nuestros jóvenes no necesitan *esconderse* avergonzados; aplicando las estrategias que he explicado en términos generales, y otras que los padres podrán identificar, podemos impartirles el valor suficiente para *buscar* lo mejor que pueden encontrar en el mundo en que viven.

Criemos niños seguros de sí mismos

1

LA EPIDEMIA DE SENTIMIENTOS DE INFERIORIDAD

Su vida comenzó con todos los clásicos impedimentos y desventajas. Su madre fue una mujer corpulenta y dominante, a la cual le resultaba difícil amar a nadie. Se había casado tres veces y su segundo esposo se divorció de ella porque lo golpeaba regularmente. El padre del niño que estoy describiendo fue su tercer esposo, quien murió de un ataque cardíaco pocos meses antes que él naciera. Como resultado de su muerte su madre se vio obligada a trabajar largas horas desde que era muy pequeño.

Durante esos primeros años ella no le brindó ningún afecto, ni amor, así como jamás lo disciplinó y tampoco le impartió instrucción alguna. Hasta llegó a prohibirle que la llamara por teléfono a su trabajo. Los demás niños tenían muy poco que ver con él, así que estaba solo casi todo el tiempo. Se vio totalmente rechazado desde los primeros años de su infancia. Era feo, pobre, falto de preparación y desagradable. Cuando tenía trece años de edad un sicólogo, de la escuela a la que asistía, comentó que probablemente ni siquiera conocía el significado de la palabra «amor». Durante su adolescencia peleaba con los muchachos y las muchachas no querían tener nada que ver con él.

A pesar de su alto cociente de inteligencia, fracasó académicamente y finalmente abandonó los estudios cuando tenía unos diecisiete años. Pensó que tal vez lo aceptarían en la Infantería de Marina; se decía que en aquel lugar hacían hombres y él quería ser uno. Pero sus problemas lo acompañaron. Los demás infantes de marina se reían de él y lo ridiculizaban. Su reacción era pelear y resistir la autoridad de sus superiores. Finalmente terminó siendo juzgado y expulsado deshonrosamente de la Infantería de Marina. Así que esta era la condición

17

en que se encontraba: un joven de unos veinte años, sin ningún amigo y hecho una verdadera ruina. Era muy flaco y bajo de estatura. Tenía la voz chillona, como la de un adolescente. Estaba quedándose calvo. No tenía talentos o habilidades, ni sentido alguno de valor propio. Ni siquiera tenía licencia de manejar.

Una vez más pensó que podía huir de sus problemas, así que se fue a vivir a otro país. Pero también allí lo rechazaron. Nada había cambiado. Mientras estaba allí se casó con una muchacha que era hija ilegítima, a la cual llevó con él de regreso a los Estados Unidos. Muy pronto ella comenzó a sentir, como todo el mundo, el mismo desprecio hacia él. Le dio dos hijos, pero jamás disfrutó de la posición y el respeto que un padre debe tener. Su matrimonio continuó derrumbándose. Su esposa exigía cada vez más cosas que él no podía darle. En vez de ser su aliada contra un mundo feroz, como esperaba que lo fuera, se convirtió en su enemiga más cruel. Ella podía ganarle en cualquier pelea y aprendió a abusar de él. En una ocasión lo encerró con llave en el baño como castigo. Finalmente lo echó de la casa.

Él trató de arreglárselas por su cuenta, pero se sentía terriblemente solo. Después de varios días de soledad regresó al hogar y literalmente le rogó a ella que lo aceptara de nuevo. Se despojó de todo orgullo. Se arrastró, se humilló delante de ella y se sometió a sus condiciones. A pesar de su escaso salario, le dio setenta y ocho dólares como regalo pidiéndole que los aceptara y los gastara en lo que quisiera. Pero ella se rió de él. Le dio poca importancia a sus débiles esfuerzos para suplir las necesidades de su familia. Lo ridiculizó por sus fracasos. Se burló de su impotencia sexual delante de un amigo de él. En una ocasión, cayó de rodillas y lloró amargamente, mientras quedaba envuelto en la enorme oscuridad de la pesadilla que era su propia vida.

Finalmente, en silencio, dejó de rogar. Nadie lo quería. Nadie lo había querido jamás. Posiblemente era el hombre más rechazado de nuestro tiempo. ¡Su ego estaba hecho pedazos!

Al día siguiente era un hombre diferente. Se levantó, fue al garaje y tomó un rifle que tenía escondido allí. Lo llevó consigo a su nuevo trabajo en un almacén de libros. Y desde una ventana en el sexto piso del edificio, el 22 de noviembre de 1963 poco después del mediodía, disparó dos veces a la cabeza del presidente John Fitzgerald Kennedy.

Lee Harvey Oswald, el rechazado y desagradable fracasado, mató al hombre que, más que ninguno otro en la tierra, personificaba todo el éxito, la belleza, la riqueza y el amor familiar, que a él le faltaban. Al disparar aquel rifle utilizó la *única* habilidad que había adquirido en toda su miserable vida.

Por supuesto, los problemas personales de Lee Harvey Oswald no justifican su comportamiento violento y yo no intentaría absolverlo de su responsabilidad y culpa. Sin embargo, una comprensión de su tormento y confusión internos nos ayuda a verlo, no sólo como un cruel asesino, sino también como el hombre lamentablemente quebrantado que era. Cada día de su vida, desde los días solitarios de su niñez hasta el momento televisado de su muerte espectacular, Oswald experimentó el conocimiento abrumador de sus propios sentimientos de inferioridad. Finalmente, como suele suceder, su tristeza se transformó en ira.

Pero lo más trágico de todo es que la situación difícil en que se encontró Lee Harvey Oswald no es rara hoy día. Aunque otras personas tal vez reaccionen de una manera menos agresiva, esta misma conciencia consumidora de falta de suficiencia, se puede ver en todos los terrenos de la vida: en cada vecindad, iglesia y escuela. Esto es particularmente cierto en cuanto a los adolescentes de hoy. He observado que la inmensa mayoría de los que tienen entre doce y veinte años están amargamente desilusionados con lo que son y lo que representan. En un mundo que adora a las superestrellas y a los hombres milagrosos, buscan en sus espejos las señales de grandeza y sólo ven las marcas del acné. La mayoría de estos jóvenes no admiten cómo se sienten porque duele reconocer esos pensamientos íntimos. Lee Harvey Oswald nunca anunció sus dudas de sí mismo, ni la soledad que había experimentado desde sus primeros años y si lo hubiera hecho no le habríamos escuchado. Así que, gran parte de la rebeldía, el descontento y la hostilidad durante los años de adolescencia proviene de los abrumadores sentimientos de inferioridad que rara vez son expresados por los jóvenes.

Sin embargo, los adolescentes no son los únicos que experimentan esta devaluación personal. Cada edad presenta sus propias amenazas a la autoestima. Como explicaré más adelante, los niños pequeños típicamente sufren una enorme pérdida de valor durante los tiernos años de su infancia. De la misma manera, la mayoría de los adultos siguen tratando de enfrentarse a los sentimientos de inferioridad que experimentaron en tiempos pasados. Y estoy convencido de que la senilidad y el deterioro mental, que se producen en las últimas etapas de la vida, suelen ser resultado de que cada vez los ancianos están más conscientes de que viven en un mundo exclusivamente de los jóvenes; donde las arrugas, los dolores de espalda y las dentaduras postizas son objeto de burla; donde sus ideas son anticuadas y su existencia es una carga. Esta sensación de inutilidad es la recompensa especial que reservamos para los que llegan a vivir hasta la vejez y no debe sorprendernos que a menudo los ancianos se «desconecten» intelectualmente.

Por lo tanto, si hoy día los sentimientos de inferioridad prevalecen tan universalmente entre las personas de todas las edades, debemos preguntarnos: «¿Por qué sucede esto?» ¿Por qué no pueden crecer nuestros hijos aceptándose a sí mismos como son? ¿Por qué tantos sienten que nadie les ama, ni les puede amar? ¿Por qué nuestros hogares y escuelas producen con mayor facilidad desesperación y odio de sí mismo en lugar de confianza y respeto? Estas preguntas son sumamente importantes para cada padre o madre que quiera proteger a sus hijos de la agonía de los sentimientos de inferioridad.

La actual epidemia de falta de autoconfianza ha sido el resultado de un sistema de evaluar a los seres humanos, completamente injusto e innecesario, que prevalece en nuestra sociedad. No todos son considerados como dignos; no todos son aceptados. Por el contrario, reservamos nuestros elogios y nuestra admiración para unos pocos escogidos que han sido bendecidos desde que nacieron, con las características que consideramos más valiosas. Es un sistema cruel y nosotros como padres debemos contrarrestar sus efectos. Este libro está dedicado a la creencia de que todos los niños son creados, provistos de valor personal, y que tienen el derecho a ser respetados y considerados como dignos. ¡Y puede hacerse!

Para poder ayudar a los padres a entender el problema, con que sus hijos se enfrentan, he dedicado los dos próximos capítulos al análisis de los valores falsos de los cuales suele depender la autoestima en nuestra cultura. Espero que el lector vea con cuánta eficacia, y muchas veces sin saberlo, desde que nuestros hijos son pequeños les enseñamos que el valor personal y la aprobación social están fuera de su alcance. Por eso, al glorificar un modelo idealizado, al cual pocos pueden parecerse, hemos creado un enorme ejército de los que jamás lo logran, de los que nacen siendo perdedores y están desilusionados de la vida antes de empezar a vivirla. Como Lee Harvey Oswald, van de un lado a otro buscando inútilmente la solución de su vacío y su dolor internos. Para los millones que nunca lo encuentran, el camino del valor personal se convierte en un largo desvío sin pavimentar que no conduce a ninguna parte.

El asunto de los sentimientos de valor personal no concierne sólo a los que carecen de ellos. En un sentido real, la salud de toda la sociedad depende de la facilidad con que sus miembros logran ser aceptados individualmente. *Por lo tanto, cuando las llaves de la autoestima parecen estar fuera del alcance de un alto porcentaje de personas, como ha ocurrido en el siglo veinte en los Estados Unidos, entonces sin duda se extienden las «enfermedades mentales», así como las condiciones neuróticas, el odio, el alcoholismo, el abuso de drogas, la violencia y el desorden social. El valor personal no es algo que los seres humanos están en libertad de tomar o dejar. Necesitamos tenerlo y cuando no se puede lograr, todo el mundo sufre.*

Pero no he escrito este libro para hablar simplemente de nuestros problemas, ni siquiera para criticar a la sociedad que los crea. Más bien, propongo una manera mejor. Por medio del uso apropiado de la influencia y la dirección de los padres, podemos proveerles a nuestros niños la fortaleza interna necesaria para superar los obstáculos con que se enfrentarán. Podemos abrirles el camino a la autoestima y el valor personal. Tal vez no reconstruiremos el mundo, pero ciertamente podemos ayudar a nuestros hijos a hacerle frente con más éxito.

Este libro está dedicado a describir diez «estrategias» de gran alcance para desarrollar la autoestima, cada una de las cuales está dirigida a un motivo particular de preocupación. Al considerar estos temas se ofrecen respuestas específicas y recomendaciones con respecto a los peligros a que está expuesto el valor personal de nuestros hijos. Los siguientes son algunos de los tópicos que se incluyen:

Estrategias para los primeros años:
- Cómo desarrollar en el hogar el respeto de sí mismo, que es la esencia de ser buenos padres.
- Por qué el «amor» no es suficiente.
- El impacto de la fatiga y la irritabilidad.
- Cómo pueden los padres evitar los sentimientos de culpabilidad.

- Cómo moldear la voluntad sin hacerle daño al espíritu.
- Cómo preparar al niño para los futuros desafíos.

Estrategias para la mitad de la infancia:
- Cómo reducir los peligros educacionales con que se enfrenta la autoestima.
- La *mejor* arma que su hijo tiene contra los sentimientos de inferioridad.
- El impacto de la televisión.
- Cómo evitar la protección excesiva y la dependencia.
- Cómo ayudar a su hijo a competir en un mundo de competencia.

Estrategias para la adolescencia:
- Cómo prepararse para la adolescencia.
- Cómo entender la experiencia del adolescente.
- Cómo ayudar al adolescente rechazado.
- Cómo desarrollar buenas actitudes sexuales.
- Cómo enfrentarse a la presión social.

Estrategias para la edad adulta:
- La autoestima en la edad adulta.
- Las causas de depresión en las mujeres.
- La autoestima y el Movimiento de Liberación de la Mujer.
- La «terapia» de dar a los demás.

Después de hablar de estas estrategias, en el capítulo 5 se presenta una explicación útil y concisa del comportamiento humano. En él se describen los tipos básicos de la personalidad de los niños y los adultos, lo cual hace más comprensible su motivación interna. Se recomienda este capítulo al padre o la madre que quiere comprender mejor por qué sus hijos, su cónyuge, su suegra, su vecino y hasta él o ella se comportan de ciertas formas. Es seguido por el capítulo 6 que está dedicado a algunos comentarios y observaciones muy importantes.

Sin embargo, antes que podamos resolver los problemas con que se enfrentan nuestros hijos, debemos entender la situación difícil en que habrán de encontrarse. Así que, demos marcha atrás y regresemos al mundo de los niños y examinemos el destructivo sistema de valores que se enseña tan eficazmente durante los años formativos de la vida. Los padres y los maestros pueden contribuir mucho a desarrollar la autoestima de la próxima generación, si realmente se identifican con los niños, viendo lo que ellos ven, oyendo lo que ellos oyen y sintiendo lo que ellos sienten.

2

LA BELLEZA: MONEDA DE ORO DEL
VALOR HUMANO

En una ocasión, Johnny Carson, conocido personaje de la televisión norteamericana, hizo un comentario sobre la delicada situación que se presenta cuando una madre nos muestra por primera vez a su feo bebé recién nacido. ¿Qué le puede decir uno, mientras ella lo sostiene en sus brazos orgullosa? Johnny Carson llegó a la conclusión de que el único comentario apropiado sería decirle: «¡Caramba! ¡No hay ninguna duda de que es un bebé!» Eso es totalmente cierto. El ego de la madre nunca está tan desprovisto de protección como en ese momento y sería mejor que escogiéramos nuestras palabras *muy* cuidadosamente. ¿Por qué? Porque en nuestra sociedad un bebé hermoso es un ser humano mucho más valioso que uno feo.

Indudablemente, el atributo personal más altamente apreciado en nuestra cultura (y en la mayoría de las otras) es el atractivo físico. Por lo tanto, los padres calculan ansiosamente el valor personal de su hijo recién nacido mientras observan su cuerpo. Así que no es raro que una madre se sienta muy deprimida poco después del nacimiento de su primer bebé. Sabía que la mayoría de los recién nacidos son bastante feos, ¡pero no esperaba semejante desastre! En realidad, tenía la esperanza secreta de que daría a luz a un bebé que se vería como los que muestran en las revistas, después de seis semanas de nacidos, que tienen una alegre sonrisa, con cuatro dientes delanteros y mejillas sonrosadas. En vez de eso, le entregan un pequeño niño rojo, desdentado, calvo y con cara de ciruela, que no deja de chillar y que a menudo le hace sentir deseos de devolverlo. El valor personal de ese bebé, de un día de nacido, es puesto en duda por sus padres. Sin embargo, poco después la mamá aprende a apreciar esa cara que solamente una madre puede amar. Y quiero enfatizar lo siguiente: *Los adultos reaccionamos de una manera muy distinta cuando se trata de un niño extraordinariamente hermoso o de uno particularmente feo y esa diferencia produce un profundo impacto en una personalidad en desarrollo.* Es muy probable que el niño hermoso verá el mundo como un lugar lleno de cariño y aceptación; el niño feo conocerá mucho mejor la fría mirada del rechazo.

La belleza y el bebé

Cuando mi hija tenía quince meses de edad poseía características físicas que aparentemente atraían a los adultos. Su madre la vestía atractivamente y dondequiera que Danae iba, todos le mostraban mucho cariño y simpatía. Las personas la levantaban en brazos, le hacían bromas y le daban dulces. La atención que recibía es la que típicamente se le brinda a cualquier niño que los demás consideran lindo o atractivo. No es algo que ese niño busca o se ha ganado; el mundo de los adultos se lo da espontáneamente. Pero un día, tres meses después de su primer cumpleaños, las facciones de Danae sufrieron un cambio negativo inesperado. Yo venía de regreso del hospital después de otro día de trabajo, cuando vi a mi esposa esperándome frente a la casa. Tenía en brazos a nuestra pequeña hija y las dos estaban salpicadas de sangre. Mi esposa me relató rápidamente los dolorosos detalles de lo que había ocurrido. Danae estaba aprendiendo a correr y Shirley la perseguía jugando con ella por toda la casa. De pronto, la pequeña se volvió hacia la izquierda y perdiendo el equilibrio cayó sobre el afilado borde de una mesa de la sala golpeándose uno de los dientes delanteros, que se enterró por completo en su encía, dando la impresión de que lo había perdido. Se le había hecho una profunda cortadura en la parte interior del labio que la hacía verse horrible.

Mi hija no tendría sus dientes permanentes hasta después de seis años más y existía la posibilidad de que el diente hubiese quedado dañado permanentemente por el impacto. Pero, afortunadamente, aquel era un diente de leche que rehusó morir. Poco a poco volvió a aparecer en su lugar y la herida se sanó sin mayores consecuencias. En realidad, ese mismo diente hizo tres viajes más hacia el interior de la encía, antes que su existencia llegara a su fin cuatro años después; demostró poseer un valor extraordinario para mantenerse firme a pesar de la infinidad de golpes que recibió. Cuando finalmente se aflojó, Danae consideró la aparente falta de aquel diente como un valioso símbolo de su nivel social en el vecindario. Sin embargo, en el momento del accidente, la situación no parecía muy alentadora.

Aquel choque directo de Danae con la mesa había deformado temporalmente su boca y como la cortadura estaba en la parte interior de su labio, parecía que había nacido así. Todo su atractivo infantil había desaparecido. A la noche siguiente fue conmigo a una tienda y por un momento me había olvidado de su accidente. Pero muy pronto me di cuenta de que la gente no reaccionaba hacia ella como lo había hecho antes. La miraban y después volvían la cabeza. En lugar del cariño y la simpatía que las personas le mostraban antes, ahora había un rechazo que manifestaban inconscientemente. No era que trataran de ser malos con ella, sino que ya no la encontraban atractiva. Me sentí irritado por su manera de reaccionar porque revelaba la injusticia de nuestro sistema de valores. Cuán injusto me pareció el recompensar a un niño de una manera que no merece, o aun peor, el hacerle daño a su autoestima por causa de circunstancias que están fuera de su control. Y sin embargo, un niño que es atractivo suele beneficiarse, gracias a su suerte, desde el momento de nacer.

Los concursos de belleza, en que se ofrecen becas y premios para los niños hermosos, son ahora algo común, como si el niño atractivo no tuviera ya suficientes ventajas esperándole en la vida. Este sistema distorsionado de evaluar a los seres humanos se puede ver en muchos ejemplos. Es posible que el lector recuerde un acontecimiento trágico que ocurrió hace varios años en Chicago, cuando ocho mujeres que estaban estudiando para enfermeras fueron brutalmente asesinadas. Al día siguiente, un comentarista hablaba del violento suceso en la radio y dijo: «¡Lo que hace mucho peor esta tragedia es que estas ocho muchachas eran muy atractivas!». En otras palabras, las muchachas eran seres humanos más valiosos a causa de su belleza, lo cual hacía que su pérdida fuese más trágica. Si uno acepta esta declaración, entonces lo opuesto es también cierto: los asesinatos habrían sido menos trágicos si las que fueron asesinadas hubieran sido feas. La conclusión, según fue escrita por George Orwell, es inevitable: «Todas las personas son iguales, pero algunas son más iguales que otras».

La belleza y el niño

Desde muy temprana edad, un niño comienza a aprender la importancia social de la belleza física. Los valores de la sociedad en que vive no pasan inadvertidos a sus pequeños oídos y muchos adultos ni siquiera tratan de ocultar sus prejuicios. ¡Sólo una niña que fuera tonta no se daría cuenta de que las feas no ganan los concursos de belleza; las feas no son elegidas como animadoras en los eventos deportivos; las feas rara vez son protagonistas en las películas; las feas quizá no se casan; las feas tienen menos amigos; las feas son menos deseables!

Es asombroso ver cuán eficazmente enseñamos a nuestros pequeños hijos a rendir culto a la belleza. Al examinar la literatura tradicional de la infancia, me sorprendió ver cuántas de las historias, incluso las más antiguas, tienen que ver con la belleza física, de una o de otra forma. Consideremos estos ejemplos:

(1) *El patito feo.* Esta es la conocida historia de un infeliz patito que era rechazado por los patos mejor parecidos. Simbolizando la difícil situación de cada niño poco atractivo, el patito feo se sentía perturbado por su apariencia grotesca. Pero, afortunadamente para él, llevaba dentro de sí un hermoso cisne, que se manifestó al comienzo de su edad adulta. (¡La historia no habla del patito feo que cuando creció se convirtió en un pato feo!) ¿Cuántos niños esperan pacientemente a que aparezca su hermoso cisne, para terminar viendo que las cosas van de mal en peor durante su adolescencia?

(2) *La bella durmiente.* ¿Por qué la historia no se llamó «La fea durmiente»? ¡Porque entonces el príncipe no la habría despertado con un tierno beso! Habría dejado que la fea princesita siguiera durmiendo. Su belleza era un ingrediente esencial de la romántica historia.

(3) *Rodolfo el reno de la nariz roja.* Rodolfo tenía una nariz muy rara, por lo cual los demás renos lo rechazaban, se burlaban de él, le ponían apodos y no lo dejaban jugar con ellos. Esta historia no tiene nada que ver con los renos, pero sí tiene mucho que ver con los niños. Así es como tratan a los que tienen algunas características físicas diferentes. Los rechazan y se burlan de ellos. La única forma en que los «Rodolfos» de este mundo pueden ser aceptados por los demás es si realizan alguna proeza milagrosa, simbolizada en la historia, por el intrépido paseo en trineo en medio de una tormenta de nieve.

(4) *Dumbo el elefante.* A Dumbo lo ridiculizaban por tener enormes orejas caídas, hasta que las usó para volar. El tema es extraordinariamente parecido a la situación difícil en que se encontraba el pobre Rodolfo. Se presenta repetidamente en la literatura para los niños, debido a que ocurre con mucha frecuencia en las vidas de ellos.

(5) *Blanca Nieves y los siete enanitos.* La malvada reina hizo la pregunta fatal: «Espejito, espejito, que estás en la pared, ¿quién es la más bella de todas?» Aún no salgo de mi asombro por la estupidez de su pregunta ¡teniendo en cuenta todas las posibles respuestas que un espejo mágico podría dar! Sin embargo, es evidente la motivación que estaba detrás de la pregunta: la más bella de todas era la persona más noble y digna de la tierra. Tal vez todavía ella está reinando.

(6) *La Cenicienta.* La principal diferencia entre la Cenicienta y sus dos perversas hermanastras era una cuestión de belleza. Esto se ve claramente en cualquier historia ilustrada de la Cenicienta. Es cierto que la Cenicienta estaba vestida de harapos y despeinada, pero el ingrediente básico estaba presente. No fueron la calabaza y los ratones los que conmovieron al príncipe cuando la Cenicienta llegó al baile. Podemos estar seguros de que ella era una preciosidad.

(7) Este énfasis en el tema de la belleza no aparece solamente en los cuentos de hadas de antaño, se refleja también en la literatura de hoy en día. En una ocasión, el libro de lectura de cuarto grado, aprobado oficialmente y adoptado como libro de texto por el Estado de California, contenía un cuento de hadas sobre tres niñas. Dos de ellas eran muy atractivas, tenían una hermosa cabellera y un bello rostro. Debido a su belleza, todo el mundo las quería y les entregaron reinos para gobernar. La tercera niña era muy fea. Nadie la quería porque no era agradable a la vista y no le permitieron tener ningún reino. Por eso se sentía muy triste y desanimada. Sin embargo, la historia termina de una manera muy alentadora, ¡porque a esta niña le dieron un reino con los animales! ¿No es eso espléndido? Su fealdad la desterró del mundo de los seres humanos, como sucede frecuentemente. En ese libro de texto se describen sus deficiencias físicas con todo detalle, de modo que muchos de los niños en la escuela se ponen a mirar y a señalar a los que son parecidos a ella. ¿Por qué tenemos que enfatizar tan fuertemente, en todos los niveles de nuestra sociedad, este atributo inalcanzable? El

mensaje es proclamado con fuerza y claridad: las personas que realmente valen son las hermosas.

La mayoría de los niños pueden determinar el valor relativo de su aspecto físico cuando empiezan a ir al kindergarten. Un hombre de treinta y seis años de edad me dijo hace poco: «Yo tenía cinco años cuando me di cuenta que era feo y nunca he sido el mismo desde entonces». Toda su personalidad de adulto había sido moldeada de manera distorsionada por aquel horrible descubrimiento.

Otro hombre, de sesenta años, describió su reacción del culto a la belleza en términos tan gráficos, que yo escribí textualmente sus palabras: «Percibí esto claramente cuando tenía doce años. Me di cuenta de la gran injusticia. Comprendí que no era la culpa de nadie en particular. Pero me resigné a participar en el juego de la vida con una gran desventaja».

Si un niño es raro, o evidentemente diferente, es muy seguro que lo haya oído en boca de sus amigos y vecinos durante sus años preescolares. Aunque no tengan la intención de herirse mutuamente, los niños pueden ser terriblemente crueles unos con otros. Algunos piensan que su misión en la vida es señalar las faltas y los defectos de todos los demás. El niño o la niña fuera de lo común, o diferente, es informado de sus características extraordinarias desde que tiene uso de razón. Realmente la vida puede ser muy difícil para el niño que es demasiado gordo o demasiado flaco, demasiado alto o demasiado bajo, o que tiene la nariz torcida, o su piel es muy oscura, o tiene los pies o las orejas muy grandes, o es bizco, o tiene cualquier otra deformidad notable. La reacción emocional del niño depende del eslabón más débil de la cadena. Lo que quiero decir es que aunque sea físicamente perfecto, si posee una sola característica que lo haga sentirse avergonzado, se va a preocupar por ese defecto como si fuera la única cosa importante en la vida.

Como dije anteriormente, el mundo de los niños puede ser un lugar cruel, a pesar de que este aspecto de la infancia sea olvidado frecuentemente por los adultos. Regresemos por un momento al mundo de la niñez, donde la agresión evidente se encuentra presente todo el tiempo; donde tal vez el niño tenga que pelear para defender su honor, aunque le cueste algunos dientes; donde los apodos, el ridículo y el rechazo son lanzados a los más débiles como dardos venenosos; donde la autoestima está a punto de desintegrarse con cada nuevo fracaso o error.

Debemos recordar este peligroso aspecto de la niñez, si queremos comprender a la próxima generación. Por ejemplo, ¿por qué algunos niños preferirían recibir cuarenta latigazos a ir a una nueva escuela o a hacer algo delante de sus compañeros? Ellos lo conocen, pero son incapaces de explicar el dolor que otros niños pueden infligir a sus indefensos egos.

La madre de una niña de cuarto grado me entregó la nota que incluyo a continuación y que ella encontró en su pupitre. Según parece, dicha nota fue escrita sin ninguna provocación de su parte y sirve como ilustración de la brutalidad con que algunos niños pueden atacar a la autoestima de otros. Dice así:

Horrible Susana:
Eres la niña más asquerosa del mundo. Quisiera que te murieras, pero supongo que eso será imposible. Sin embargo, tengo algunas ideas:
1. Juega en medio de la calle.
2. Córtate la garganta.
3. Tómate un veneno.
4. Emborráchate.
5. Date una puñalada.
Por favor, haz alguna de estas cosas, gordinflona grandota. Todos te odiamos. Estoy pidiéndole a Dios que por favor te haga morir. Todos necesitamos aire puro. Dios, ¿me has escuchado?, porque si no lo has hecho, todos nos moriremos aquí con ella. Ya ves, Susana, que no somos tan malos.

Alicia Márquez

¿Qué habrá pensado la «horrible Susana» al leer una nota tan venenosa? Tal vez haya tenido suficiente confianza en sí misma como para no alterarse, particularmente si Alicia es una fracasada social. Sin embargo, si Alicia es popular y Susana no lo es, el escenario está preparado para una experiencia emocional dolorosa y perdurable. Notemos que Alicia hizo referencia al aspecto físico de Susana («gordinflona grandota») y sugirió que todos sus amigos estaban de acuerdo con ella («todos te odiamos»). Esos dos ingredientes son suficientes para aplastar a cualquier niño o niña sensible.

Siempre me ha sorprendido presenciar el poder emocional de acontecimientos como ese. Si Susana fue herida por la nota, probablemente la recordará por el resto de su vida. Pídale a cualquier adulto que le relate incidentes similares de su niñez y enseguida le responderá describiendo alguna experiencia que pudo haber ocurrido hace cuarenta largos años. Por ejemplo, cuando yo estaba en sexto grado, un compañero me llamó «flacucho». Aunque lo dijo una sola vez, aún lo recuerdo perfectamente el día de hoy. Todavía tengo ganas de ponerle un ojo morado. ¿Por qué? ¡Porque puso en duda mi valor personal! De la misma manera, un hombre de mediana edad me dijo recientemente que cuando estaba en la escuela intermedia se sentía muy cohibido debido a su excesiva estatura. En cierta ocasión, alguien le preguntó a la madre cómo haría para encontrarlo entre una muchedumbre y ella contestó: «Simplemente buscaría al muchacho cuya cabeza asomara por encima de las de todos los demás» y ¡zás!, como una flecha, el comentario se le clavó en el corazón y después de tres décadas aún lo recuerda. Ha olvidado todo lo demás que sucedió en ese mes, pero todavía resuenan las palabras de su madre en sus oídos.

Los muchachos son muy hábiles para poner apodos que reemplacen los nombres cuidadosamente seleccionados por los padres de los demás niños. Rara vez su intención es mala, pero frecuentemente el impacto de estos apodos es devastador. Por lo general, están relacionados con los principales defectos físicos de las víctimas, poniendo en evidencia y enfatizando los rasgos que estas más quisieran esconder. Así es que al muchacho con dientes para afuera le llaman «dentudo»; al gordito «puerco cebado»; al muchacho delgado «esqueleto»; a la niña delgada «palo de escoba»; a la muchacha corpulenta «elefante»; al niño de baja estatura «enano». Cuando estaba en la Infantería de Marina, a Lee Harvey Oswald lo llamaban «conejo sucio»; y a José Stalin lo llamaban: «nueve dedos» porque tenía fusionados dos dedos de un pie. Son innumerables los ejemplos de sobrenombres ofensivos.

Cuando estaba en la escuela secundaria conocí a un muchacho de baja estatura que tenía la cabeza redonda, usaba anteojos gruesos (que le daban el aspecto de tener los ojos hinchados y saltones) y su boca era enorme. Los otros estudiantes lo llamaban «sapo». Era un sobrenombre que le venía como anillo al dedo, pero «sapo» no se sentía contento con la analogía. Y, sin duda, sus compañeros jamás pensaron que el muchacho no quería parecerse a un batracio. El insulto máximo ocurrió cuando algunos le preguntaron a «sapo» si les saldrían verrugas cuando lo tocaran y si cazaba moscas con la lengua. La verdad es que el niño se convierte en el sobrenombre que le han puesto. Se ve como lo ven los demás y eso lo hace sufrir. ¿Cómo se pueden respetar a sí mismos el «sapo», el «dentudo» o el «esqueleto», si sus amigos los ven como deformes y ridículos? Si se les pidiera a esos muchachos que escribieran su opinión sincera sobre «quiénes son», comenzarían describiendo la característica que les causa mayor insatisfacción personal.

Los niños están bastante conscientes de su valor en relación con sus compañeros de escuela. Numerosos acontecimientos revelan la posición que ocupan entre ellos. ¿Quién, por ejemplo, es escogido capitán del equipo de béisbol? ¿Quién jamás sería nombrado para ese cargo? ¿Quién es escogido antes que los demás para participar en juegos y competencias? ¿Quién es escogido en último lugar? ¿Quién es invitado a las fiestas más importantes de cumpleaños? ¿Quién es excluido? Hay muchas maneras simples y directas de determinar el valor social de una persona y algunos niños sacan la misma conclusión de cada evaluación: «Soy un completo fracaso y un inútil».

Los maestros y los sicólogos cuentan con una técnica más sofisticada para evaluar la posición social entre los niños. Se llama «sociograma». A cada uno de los niños de una aula se le pide que escriba los nombres de tres compañeros con quienes le gustaría sentarse y tres con quienes no le gustaría hacerlo. Sin informar los resultados de la encuesta a la clase, el maestro conoce de esta manera las elecciones y puede identificar a los que son las «estrellas» y a los «aislados». Un buen maestro apoyará inmediatamente a los niños rechazados. Pero, por desgracia, los maestros son producto de la misma sociedad que moldea los valores y las actitudes de todos los demás. Con frecuencia sienten repulsión por el niño que no es físicamente atractivo y se sienten atraídos por el de aspecto agradable. Por supuesto, todos los maestros buenos luchan contra esta inclinación y algunos tienen más éxito que otros.

Dos investigadoras, Ellen Berscheid y Elaine Walster, publicaron los resultados sorprendentes de sus investigaciones en un artículo clásico titulado: *Beauty and the Best* [La hermosura y lo mejor], que fue publicado en la revista norteamericana: *Psychology Today* del mes de marzo de 1972. Considera el impacto de los siguientes prejuicios contra el niño que no es atractivo.

(1) Existen evidencias que parecen indicar que el atractivo físico del niño influye en las notas escolares que obtiene.

(2) Cuando a varios adultos se les mostraron las fotografías de distintos niños y se les pidió que identificaran al niño que probablemente estuviera creando disturbios en la clase o portándose mal, casi siempre escogieron al que no era atractivo. De igual manera, pensaron que el niño feo era más tramposo que sus compañeros atractivos. Tal como lo expresaron las autoras de dicha investigación: «A pesar de todo lo que se dice sobre el carácter y los valores internos, siempre nos imaginamos lo mejor de las personas atractivas. Y desde la escuela primaria en adelante, casi nadie discute sobre quiénes son los hermosos».

(3) Según los hallazgos de Karen Dion, la forma en que los adultos manejan un problema que requiere disciplina está relacionada con el atractivo físico del niño. En otras palabras, es muy probable que el *mismo* mal comportamiento sea tratado con mayor tolerancia cuando el niño es de aspecto agradable y con mayor severidad cuando se trata de uno de los alumnos feos de la clase.

(4) Lo que es aún más importante, que coincide con mis observaciones, es que el impacto del atractivo físico se produce desde que los niños están en el kindergarten. Los pequeños de tres años de edad que son hermosos, disfrutan de gran popularidad entre sus compañeros. Y por desgracia, ciertas características físicas, como la gordura, son reconocidas y vistas con desagrado desde esa temprana edad.

¡Qué sistema de valores tan distorsionado propagamos! ¡Qué daño tan irreparable se le hace a un niño feo cuyos padres no intervienen para defenderlo! Todos los días tiene que enfrentarse a sus terribles sentimientos de inferioridad y no tiene ninguna escapatoria. No puede culpar a nadie. No puede cambiar nada. No se lo puede explicar, ni le puede pedir perdón a nadie. Ni siquiera se puede esconder. Voces crueles lo siguen por todas partes, susurrando mensajes malignos en sus infantiles oídos: «Los otros niños no te quieren; ves, te dije que fracasarías; eres diferente y tonto; te odian; eres un fracasado; ¡no sirves para nada!» Según pasa el tiempo, las voces se hacen cada vez más fuertes, hasta que le impiden percibir otros mensajes que hubiera podido escuchar. Lo único que oye es: «¡No hay esperanza! ¡Estás condenado!»

La belleza y el adolescente

Si se considera que el atractivo físico es importante durante la infancia, se vuelve aún mucho más importante e impetuoso durante la adolescencia. Durante una etapa de seis a cuatro años después de la pubertad, todo el sistema físico y emocional del joven se concentra en el nuevo y excitante mundo del sexo. Piensa, sueña y deja correr su imaginación con él y muy frecuentemente se propone hacer algo al respecto. Se encuentra encendido de curiosidad sexual, de romanticismo y de simple pasión biológica. Es obvio, pues, que en esta atmósfera de tensión sexual, la belleza física supere a todos los demás valores e ideales. La muchacha que es excepcionalmente atractiva tiene el mundo a sus pies. El muchacho bien parecido y atlético es rey del grupo. Casi todos los demás, que constituyen la gran mayoría, se miran en el espejo con disgusto y desdén.

Cualquier adolescente que quiera calcular su valor personal sólo tiene que escuchar la música que lo rodea. La letra de las canciones enfatiza la importancia de la belleza. En una canción se le pide a la muchacha hermosa que camine más lentamente cuando pasa a nuestro lado. Me imagino que la canción insinúa que una muchacha poco atractiva puede caminar más rápido porque no merece que la miremos detenidamente al pasar cerca de nosotros. Hay otra canción en la que se dice muy poéticamente que una muchacha hermosa es como una melodía. Si aceptamos esta analogía, ¿quién cree que será la nota discordante dentro de la sinfonía de este sistema equivocado de medir el valor personal?

Para poder entender más fácilmente la situación difícil con que se enfrentan nuestros niños, imagínate por un momento que eres una adolescente. Tienes dieciséis años y tu nombre es Elena Escuela Secundaria. Sinceramente, no eres muy atractiva que digamos. Tienes los hombros encorvados y se te olvida cerrar la boca cuando estás meditando. (Eso parece preocupar mucho a tus padres.) Tienes granos por toda la frente y en la barbilla y tus orejas excesivamente grandes aparecen por debajo del cabello que debería ocultarlas. Piensas a menudo en estas imperfecciones y te has preguntado, con la debida reverencia, por qué Dios no estaba prestando atención cuando te formó.

Nunca has tenido una verdadera cita con un muchacho en tu vida, con la excepción de aquel desastre del pasado mes de febrero. Una amiga de tu mamá, se encargó de arreglarte una cita a ciegas que casi significó el fin del mundo. Sabías que era arriesgado aceptar, pero estabas tan entusiasmada que no pensaste inteligentemente. Carlitos Simpático llegó muy animado esperando encontrar a la muchacha de sus sueños. Pero tú no eras lo que él tenía en mente. ¿Recuerdas la expresión de desilusión en su rostro cuando entraste en la sala arrastrando los pies? ¿Recuerdas que al día siguiente le dijo a María Luisa que tu aparato de ortodoncia sobresalía más que tu busto? ¿Recuerdas que también le dijo que tenías tantos puentes dentales que para besarte tendría que pagar por derecho de tránsito. ¡Eso fue horrible! Pero la noche de la cita no dijo nada. Toda la noche puso cara larga y te llevó de regreso a casa con dos horas de anticipación. Por supuesto, María Luisa casi no pudo esperar hasta la tarde siguiente para decirte cuánto te odiaba Carlitos. Entonces lo atacaste llena de ira. Lo encontraste en el vestíbulo de la escuela y le dijiste que su falta de inteligencia se debía a que tenía la cabeza vacía como un coco seco. Pero la herida que él te había causado fue profunda y te dolió mucho. Durante por lo menos seis meses despreciaste a todos los varones y pensaste que nunca tus hormonas volverían a la normalidad.

Cuando esa tarde regresaste a casa de la escuela, fuiste directamente a tu habitación sin hablarle a ninguno de tus familiares. Cerraste la puerta y te sentaste en la cama. Pensaste en lo injusta que era toda la situación en que te encontrabas y permitiste que tu joven mente viajara de uno a otro de los innumerables recuerdos dolorosos, que rehusaban esfumarse. En realidad, te pareció como si de súbito estuvieras ante un tribunal siendo juzgada para determinar si podías ser aceptada como miembro de la raza humana.

El fiscal se puso de pie ante el jurado y comenzó a presentar la evidencia incriminatoria de tu indignidad. Habló de aquella fiesta por el Día de los Enamorados [o del amor] cuando estabas en cuarto grado, en la que Ana, tu hermosa prima, recibió treinta y cuatro tarjetas y dos cajas de bombones, la mayoría de las cuales se las dieron los muchachos que estaban locamente enamorados de ella. Tú recibiste tres tarjetas, dos te la dieron compañeras de la escuela y una te la envió tu tío Alberto que vive en San Antonio. Los miembros del jurado menearon sus cabezas apesadumbrados. Entonces el fiscal describió aquel día cuando un muchacho de sexto grado compartió su cucurucho de helado con Berta Bella, pero dijo que no te dejaría darle ni un mordisco porque no quería contagiarse con tu fealdad. Tú pretendiste no haberle oído, pero fuiste al baño de las muchachas y estuviste llorando allí hasta que terminó el recreo.

«Señoras y señores del jurado», dijo el fiscal, «estas son las opiniones imparciales de la propia generación de Elena. Es evidente que todos los estudiantes de su escuela están de acuerdo. No tienen ningún motivo para mentir. Sus puntos de vista son totalmente verdaderos. ¡Esta muchacha fea no merece ser parte de nosotros! ¡Les insto a que hoy mismo la declaren culpable!»

Entonces el abogado defensor se puso de pie. Era un hombrecito frágil que tartamudeaba. Presentó algunos testigos a tu favor, incluyendo a tu papá y a tu mamá, y por supuesto, a tu tío Alberto.

«¡Protesto, señor juez!», gritó el fiscal. «Estos son miembros de la familia de la acusada. No se les puede tomar en cuenta. Son testigos parciales y, por lo tanto, indignos de confianza». «Se admite la protesta», declaró el juez. Entonces, tu abogado totalmente confundido dijo que siempre mantenías limpia tu habitación y enfatizó que el mes pasado habías sacado una nota de sobresaliente en un examen de geografía. Viste al presidente del jurado conteniendo un bostezo y los demás miembros mostraban señales de total aburrimiento.

«Y, po-po-por lo tanto, se-se-señoras y señores del ju-ju-jurado, les pi-pi-pido que declaren a esta jo-jo-jovencita ino-ino-inocente de los cargos».

Los miembros del jurado se retiraron y treinta y siete segundos después regresaron con el veredicto. Te pusiste de pie ante ellos y los reconociste a todos. Allí estaban la reina de belleza de la escuela del año pasado, el defensor del equipo de fútbol, el alumno encargado de hacer el discurso de despedida del fin de curso. También estaba allí el apuesto hijo del cirujano. Todos te dieron una mirada severa y de pronto gritaron a una voz: «¡CULPABLE DE LOS CARGOS, SEÑOR JUEZ!» Luego el juez leyó la sentencia:

Elena Escuela Secundaria, un jurado compuesto por tus compañeros te han declarado inaceptable para la raza humana. Por lo tanto, te sentencio a una vida de soledad. Probablemente fracasarás en todo lo que hagas y bajarás a la tumba sin tener ni un solo amigo en el mundo. El matrimonio será imposible para ti y nunca habrá un niño en tu casa. Eres un fracaso, Elena. Eres una desilusión para tus padres y de ahora en adelante serás considerada como un gran estorbo. Queda cerrado el caso.

El sueño se desvaneció, pero la decisión del jurado permaneció siendo real para ti. Tus padres se preguntaban por qué estabas tan irritable y tratabas mal a todo el mundo durante las siguientes semanas. Nunca supieron, y tú nunca les dijiste, que te habían expulsado del mundo de la gente hermosa.

Quisiera poder hablarles a todas las Elenas y Susanas, y a todos los Juanes y Pedros que también han sido declarados inaceptables en el tribunal de sus mentes. Tal vez nunca sepan que el juicio fue un fraude, que cada uno de los miembros del jurado ha sido acusado del mismo delito y que el juez mismo fue condenado hace más de treinta años. Quisiera poder decirle a cada adolescente desilusionado que todos hemos tenido que comparecer ante ese tribunal injusto y muy pocos hemos sido absueltos. Algunos de los adolescentes que han sido condenados serán «perdonados» más tarde en la vida, ¡pero la mayoría jamás podrá escapar de la sentencia dictada por el juez! Y lo irónico es que *cada uno de nosotros* conduce su *propio* juicio fraudulento. Actuamos como nuestro propio fiscal y la sentencia final es dictada bajo nuestra inflexible supervisión, por supuesto, con un poco de ayuda de nuestros «amigos».

La belleza y el adulto

Estoy sentado en este momento cerca de la piscina del Hotel Sheraton, en Waikiki Beach, Hawai. (Si uno tiene que escribir puede disfrutar también mientras lo hace.) La hermosa piscina está casi vacía, aunque alrededor de ella están acostados centenares de narcisistas entregados a la adoración de sus propios cuerpos. Cuando uno los observa detenidamente, se da cuenta de que constituyen un grupo muy raro. Todas estas personas tienen en la mano un frasco de bronceador y dan vueltas a sus cuerpos sistemáticamente, bajo los ardientes rayos del sol. Me

recuerdan a un asador gigantesco, al verlos tostándose pareja-
mente por todos lados. Soportan durante horas esta monótona
actividad, examinando regularmente su color y comparándolo
con el de los demás. La ciencia médica les ha dicho que expo-
nerse a los rayos solares de esa manera los arrugará como si
fueran ciruelas pasas, dentro de unos pocos años, pero no les
importa. Buscan ansiosamente la belleza instantánea que, según
creen, vale cualquier precio que tengan que pagar. (A propósito,
las voceras del Movimiento de Liberación de la Mujer dicen que
las mujeres están cansadas de ser tratadas como objetos sexuales, pero no puedo ver aquí evidencia alguna de ese cansancio.)

Pero no todo anda bien con los adultos. Además de las
preocupaciones físicas de los niños y los adolescentes, los adultos tenemos que combatir contra otro enemigo formidable: ¡el
envejecimiento! Se dice que el tiempo no es un ladrón, sino un
desfalcador que hace trampas en los libros de contabilidad
durante la noche para que no nos demos cuenta de que nos falta
algo. Y de pronto, más o menos a los treinta años, el señor
Jovenazo empieza a darse cuenta de que todo está aflojándose
poco a poco. Acerca su rostro al espejo y examina las nuevas
señales de deterioro. Lo ha sacudido la bien conocida amenaza
triple: ¡Ablandamiento, arrugamiento y desaliento! La fuerza de
gravedad está desfigurando cada vez más la forma de su man-
díbula y no hay manera de mantenerla en su lugar. Gran parte
de la musculatura que antes hinchaba su pecho, se ha derretido
y deslizado hacia su abultado vientre. Cada noche, un poco más
de su precioso cabello se traslada de su cabeza a la almohada,
quedando finalmente nada más que piel y hueso por encima de
las orejas. Su esposa casi no puede ni consolarlo, ya que ella tiene
sus propios problemas. Se jacta ante su marido de que todavía
tiene el cuerpo de una muchacha de veinte años y él le responde:
«Bueno, devuélvelo, porque lo estás arrugando». (La mujer de
edad madura que aún conserva su «figura de colegiala» probablemente fue una niña bastante regordeta.) Sólo fue una broma
del esposo, pero dio en el blanco. En su pánico por conservar lo
que le queda, corre a la farmacia y compra jalea real y hormonas
de caballo y cualquier otra cosa que prometa estirar, encubrir y
sostener lo que está derrumbándose. Pero lamentablemente, su
cuidadosa obra de reconstrucción desaparece todas las noches,
dejando al descubierto los mismos antiguos surcos, líneas, bol-
sas y protuberancias. Entonces se asa bajo el sol y da saltos en

el gimnasio, pero nada ayuda por mucho tiempo. Sin duda, este proceso de envejecimiento es extremadamente difícil para un adorador de la belleza, no importa si es hombre o mujer.

Después de haber probado todo lo demás, infinidad de mujeres norteamericanas están yendo apresuradamente a los cirujanos especializados en cirugía plástica, dispuestas a soportar un inmenso dolor y a incurrir en un enorme gasto con el fin de tratar de quitarse unos años de encima. Y lo sorprendente es que investigaciones realizadas al respecto muestran que por lo menos la mitad de las mujeres trabajadoras que se someten a la cirugía plástica facial, pueden contar con que recibirán un aumento de salario en los meses siguientes. Evidentemente, la belleza es un artículo muy deseable en el mundo de los negocios. En la mayoría de los empleos los jefes buscan secretarias y recepcionistas atractivas, mientras que frecuentemente las mujeres que carecen de atractivo tienen dificultad para conseguir cualquier tipo de trabajo.

Casi todas las decisiones importantes que toman los adultos, son influenciadas, de una u otra manera, por el atributo de la belleza. Por ejemplo, un centímetro de más en el tamaño de la nariz de una mujer podría cambiar totalmente la dirección de su vida, particularmente en lo relacionado con su elección de un cónyuge, o la elección que alguien haga de ella para esposa. Todos poseemos ciertos atributos físicos que sacamos a relucir para nuestras aventuras románticas y la mayoría de los hombres tratan de «capturar» a la muchacha más bella posible. Una esposa muy atractiva es una adquisición altamente deseable para exhibir ante los demás. Como dicen: «Si al principio no tienes éxito, haz la prueba con una que sea menos atractiva».

Los hombres que no son atractivos no escapan de la discriminación que he descrito. Los vendedores feos tienen menos éxito que sus apuestos competidores. A los políticos menos atractivos se les pide que no besen a muchos bebés y todos sabemos lo que eso significa el día de las elecciones. Pero tal vez los hombres de baja estatura son hechos objeto de la mayor discriminación, cuyas vidas estarán llenas de desventajas. Es interesante observar que desde el año 1900 todas las elecciones presidenciales en los Estados Unidos han sido ganadas por el más alto de los candidatos, con la excepción de Calvin Coolidge en 1924 y Richard Nixon en 1972. (Algunos han comentado que la elección de esos dos presidentes fue un error, pero decida por sí mismo sobre esto.)

Los adultos no son inmunes a la tiranía del culto a la belleza, a pesar de que tienen suficiente edad para saber más que eso. Existe la vida después de los veintinueve años y ya es hora de que lo reconozcamos.

La belleza y los ancianos

Los que somos más jóvenes no podemos comprender de ninguna manera todas las consecuencias de pertenecer a la generación de los indeseables: ser un anciano en una época dominada por los muy jóvenes; poseer una mente activa irremediablemente atrapada en un cuerpo inactivo; depender de hijos que siempre están muy ocupados; ser prácticamente asexual, tanto emocional como físicamente, en una sociedad erotizada; ser incapaz de producir o aportar nada que realmente valga la pena; no contar con nadie que ni siquiera recuerde los días de su juventud. ¡Todo esto produce sentimientos de inferioridad de la peor clase! Y como dije en el primer capítulo, estoy convencido de que muchas de las enfermedades que padecen los ancianos son provocadas por esos sentimientos de inutilidad. Un gastroenterólogo (médico especializado en trastornos estomacales e intestinales) me dijo recientemente que el ochenta por ciento de sus pacientes más viejos tienen síntomas producidos por problemas emocionales. Sienten que nadie los necesita ni los quiere y su desesperación se transforma rápidamente en trastornos físicos. Es una verdad evidente que el amor y la estimación son factores esenciales en la vida de los seres humanos de todas las edades.

Conclusión

No he dicho todo lo anterior para desanimar a los padres. Hay mucho lugar para la esperanza y el optimismo en la familia que hace lo necesario, a favor de sus hijos, para contrarrestar estas fuerzas perjudiciales. Sin embargo, durante los últimos veinte años, la tendencia entre los padres norteamericanos ha sido, cada vez más, ceder a otras personas sus responsabilidades. Le pedimos a la guardería infantil, a la escuela de kindergarten, a los maestros de primaria y a la iglesia, que se encarguen de muchas de las tareas de instrucción que anteriormente se realizaban dentro de la familia. Un tema popular de la literatura reciente ha sido: «Cómo ser buenos padres en los ratos de ocio», con el fin de llamar la atención a esta idea de que la buena crianza de los hijos es cosa fácil para los padres que organizan y delegan correctamente. Pero el desarrollo de la autoestima de nuestros hijos es una responsabilidad que no podemos confiar a otros. La tarea es demasiado difícil y demasiado personal para ser llevada a cabo en situaciones de grupo. Sin nuestra dedicación y nuestro apoyo, nuestros hijos se enfrentan solos a enemigos formidables. Nuestra sociedad materialista no va a ayudar a nuestros hijos a tener un buen concepto de sí mismos, salvo en muy contadas excepciones y para que les puedan ser inculcadas actitudes que valgan la pena, es preciso que nosotros, como padres, lo hagamos. Somos los únicos que nos interesaremos lo suficiente en ellos como para realizar esta tarea. Este libro está dedicado a ayudar a los padres y a los maestros a lograr ese objetivo.

Preguntas y respuestas

(1) «*¿Por qué las personas parecen estar más conscientes ahora que en el pasado, de sus defectos e insuficiencias físicas?*» *¿Cuál es la causa de la «epidemia» de sentimientos de inferioridad que ha descrito?*

Creo que el tremendo énfasis que en estos tiempos se le ha dado al atractivo físico es consecuencia de la revolución sexual que se está llevando a cabo a nuestro alrededor. Nuestra sociedad ha sido sobrecargada eróticamente desde mediados de los años setenta, cuando comenzaron a derrumbarse las normas y las restricciones morales tradicionales. La televisión, la radio, el cine, las revistas, las carteleras, los folletos y la ropa, reflejan esta fascinación sin igual con la sensualidad en sus diferentes formas. Ahora bien, es evidente que cuando en una sociedad el sexo se convierte en un factor de suma importancia, tal como vemos que está ocurriendo en la nuestra, el atractivo sexual adquiere una nueva importancia social. Dicho de manera simple, mientras más saturada de sexo se encuentre una sociedad, más premiará a la belleza y castigará a la fealdad.

La necesidad de ser sexualmente atractivo se ha hecho tan fuerte hoy en día, que se espera que cada persona aumente al máximo su atracción seductora. ¿Cuándo en nuestra historia ha habido tantas mujeres que confiaran semanalmente el cuidado de su cabello a manos profesionales? ¿Cuándo ha habido tantos hombres que compraran y usaran costosos cosméticos? ¿Cuándo ha habido tantos padres que lucharan por descubrir el estilo de peinado que mejor les quedara a sus hijos? Estos factores reflejan la presión social en su máxima magnitud. Las mujeres, particularmente, son animadas por una industria que vende miles de millones de dólares de productos de belleza, a esconder sus defectos físicos y revelar casi todo lo demás, sin tener en cuenta el costo.

Siempre me ha gustado observar a las personas que caminan por una acera muy transitada y notar con cuánta diligencia todas ellas se han ocupado de su apariencia en ese día. Algunos de los rostros reconstruidos deben tomar horas de trabajo frente al espejo todas las mañanas, particularmente cuando la madre naturaleza fue algo descuidada en su obra original. Por ejemplo, conozco a un médico vanidoso, cuyos pacientes no sospechan que es casi totalmente calvo. Le queda un poco de cabello alrededor de las orejas y el cuello, que le ha crecido más o menos veinticinco centímetros de largo. Todas las mañanas este inseguro doctor lo entrelaza en la parte superior de la cabeza y lo pega con laca. Sin duda, él sabe que los doctores calvos son «vistos» muy diferentes de los que tienen una abundante cabellera, ¡y tener bastante pelo es mucho mejor!

Durante una visita a Europa, en el año 1972, observé cuidadosamente a las personas para ver si tenían esa misma preocupación por sus cuerpos, pero tal cosa no fue muy evidente. Las mujeres europeas no eran menos atractivas que las norteamericanas, pero era indudable que no se habían esforzado tanto en perfeccionar su aspecto físico. (También observé que debe de existir una gran escasez de cuchillas de afeitar en esos países donde la gente tiene tanto pelo.)

Cualquier anunciante, que se merezca el pan que se come, sabe que el sexo y la belleza son los puntos sensibles con los que tiene que jugar y de un modo u otro debe relacionar sus productos con esas motivaciones, sin importar cuán irreal sea esa relación. Nos venden pasta dentrífica que nos proporciona atracción sexual (¡qué tontería!); cereal para el desayuno que nos hace más hermosos (comámonos todos un plato lleno); pastillas de menta que nos garantizan un segundo beso; y un aceite para que las señoras lo usen al bañarse, del cual aseguran: «Si él no siente la diferencia, está muerto». (Su esposo no lo sabe, pero toda su masculinidad estará en peligro la próxima vez que toque su rejuvenecida piel.) Se le ha prometido a ella que no está «envejeciendo», sino «mejorando». ¿No es eso ridículo? No hay manera de calcular la cantidad de dólares que se gastan todos los años para hacernos más competitivos en una sociedad erotizada.

En resumen, es mi opinión que este aumento de sensualidad está produciendo una enorme cantidad de víctimas emocionales entre las personas que están muy conscientes de su incapacidad para competir en el juego de la coquetería. Si la belleza se compara con el dinero, es decir, si es la moneda de oro que vale, entonces estas personas se encuentran en un estado de ruina innegable. Y, tristemente, los niños pequeños son las víctimas más vulnerables de este absurdo sistema de calcular el valor humano, porque están demasiado jóvenes para comprender, demasiado inmaduros para compensar sus deficiencias y demasiado golpeados para defenderse.

(2) ¿Cuáles son las perspectivas para el niño que es muy lindo o hermoso? ¿Son, por lo regular, más fáciles las cosas para él todo el tiempo?

Tiene algunas ventajas extraordinarias, como he descrito anteriormente. Es mucho más probable que se aceptará a sí mismo y disfrutará de los beneficios de su confianza en sí mismo. Sin embargo, también se enfrenta con algunos problemas extraordinarios, que jamás experimenta el niño que es feo. La belleza, en nuestra sociedad, significa poder y el poder puede ser peligroso en las manos de una persona inmadura. Por ejemplo, una joven hermosa de catorce años, que prematuramente tiene todo su cuerpo bien formado, puede ser perseguida incesantemente por hombres que quieren aprovecharse de su belleza. A medida que ella se va dando cuenta del poder que ejerce al coquetear, a veces se siente impulsada a la promiscuidad sexual. Además, las mujeres que han sido codiciadas físicamente desde la infancia, como Marilyn Monroe o Brigitte Bardot, pueden volverse amargadas y desilusionadas debido a la despersonalización del culto al cuerpo.

Se han hecho investigaciones que indican también algunas consecuencias interesantes en relación con la estabilidad matrimonial de la «gente hermosa». En un importante estudio, se descubrió que las muchachas que habían sido las más atractivas cuando se encontraban estudiando en la universidad, veinticinco años más tarde eran las menos felices en su vida matrimonial. Al parecer, es difícil reservar el «poder» sexual para el cónyuge, ignorando la gratificación del ego que está esperando fuera del vínculo matrimonial. Y finalmente, mientras más atractiva sea una persona durante el tiempo de su juventud, más doloroso será para ella el proceso de envejecimiento.

Lo que quiero dejar bien claro es que medir el valor personal de acuerdo con una escala de belleza es un error y a menudo les hace daño tanto a quienes la poseen como a quienes carecen de ella.

3

LA INTELIGENCIA: MONEDA DE PLATA
DEL VALOR HUMANO

Cuando el primer hijo está a punto de nacer, sus padres oran porque sea normal, es decir, «promedio». Pero, desde el momento en que nace, ser promedio no es suficiente para ellos.

El punto de vista de los padres

Si en nuestra cultura la belleza es el ingrediente principal de la autoestima y del valor personal, el segundo atributo más importante es, sin lugar a dudas, la inteligencia. Poco después de examinar los ojos, las orejas, la nariz y todas las demás partes del niño recién nacido, en busca de imperfecciones, la mayoría de los padres empiezan a buscar señales de una genialidad incipiente. Y, créalo o no, ¡al parecer las encuentran! Durante su primer año de vida, el crecimiento y desarrollo de los niños es tan rápido que sus padres observan asombrados su «brillante» creación. Usted los escucha decir: «Hace sólo ocho meses este niño era completamente inútil, ¡pero, mírenlo ahora! Dijo "mamá", seis semanas antes que cualquier niño promedio; este muchachito tiene la cabeza bien puesta sobre los hombros». Creen que sonrió a los cinco días de nacido, cuando en realidad lo único que hizo fue una mueca de dolor, provocada por un poco de gas que tenía en el estómago.

Cuando el niño entra con fuerza arrolladora en su segundo año de vida, aumenta la evidencia de que tiene una clara aptitud intelectual. Lo que probablemente sus padres no saben es que el despertar de la mente humana es algo emocionante, aun para el niño de inteligencia normal. Parece como que cada día aprendiera o copiara algo nuevo. Este proceso normal entusiasma

45

tremendamente a quienes lo observan por primera vez. Muchos padres me han dicho llenos de orgullo: «No se puede imaginar cómo piensa y razona este niño; recuerda cosas que le dije hace dos semanas». Ellos consideran que su cociente intelectual oscila entre 180 y 240, según el deseo que tenga de cooperar. Por eso empiezan a ahorrar dinero para su educación universitaria.

Entonces llega la «terrible edad de los dos años» y el niño aprende el significado de la palabra «no», mucho mejor que el de todas las demás. Resulta imposible controlarlo y siempre quiere salirse con la suya. Aunque se convierte en un motivo de sufrimiento y de prueba para sus padres, en el fondo de su corazón se sienten orgullosos de que va a llegar a ser un pensador independiente y un líder. Dicen: «¡Miren cómo empuja a los demás niños! ¡Ustedes pueden estar seguros de que este muchacho nunca será seguidor de nadie!»

Sin embargo, el tiempo demostrará que las conclusiones de los padres fueron un poco prematuras e infundadas. Al cumplir tres, cuatro y cinco años, sus cualidades extraordinarias son cada vez menos evidentes. Mamá y papá empiezan a tener dudas acerca del nuevo genio de la familia. En realidad, tal parece que gran parte de su comportamiento es tristemente común y ordinario. Por lo regular es atolondrado, escandaloso e infantil en su manera de ser. Prefiere jugar a trabajar y todavía no ha aprendido a leer. Finalmente, comienza a ir al kindergarten y de pronto la dorada imagen del «superniño» se vuelve sospechosamente verde.

La primera reunión con la maestra es una experiencia devastadora para sus amorosos padres. Están tensos como gatos cuando llegan a la escuela y se enfrentan al veredicto desconocido. Durante seis semanas, su gordito, que es su felicidad y orgullo, ha estado fuera de su alcance. ¿*Qué* habrá estado haciendo? Lo admitan o no, su reputación como «buenos padres» está en peligro. Si el niño se ha comportado mal, es porque los padres no lo disciplinan bien. Si no hace sus tareas, los padres son culpables de haberle enseñado a ser irresponsable. Pero lo peor de todo es que si parece tonto, debe ser porque ellos lo dotaron de una capacidad mental inferior. Sus egos están intrincadamente unidos a su primogénito; sus errores y fracasos son como dardos encendidos que se les clavan en las espaldas. Echan un vistazo rápido al salón, para ver en dónde se exhiben los trabajos de los niños, pero el de su hijo no está en ninguna parte. Finalmente lo ven, está cerca del suelo, en el rincón inferior de la pizarra donde están colocados los trabajos. ¡Es horrible! Se ruborizan al ver el increíble y horripilante dibujo. ¡No es posible que sea de él! Pero tiene su nombre mal escrito. En ese momento viene la maestra a saludarlos. Es agradable y tiene aspecto profesional. Sonríe y les guiña el ojo mientras les explica su programa. Nerviosos le preguntan cómo le va a su hijo; ella calla durante dos segundos y su silencio es muy significativo. «Bueno», comienza a decir la maestra, «había pensado hablar con ustedes...»

No todos los padres sobreestiman el potencial intelectual de sus hijos. Algunos sienten una terrible ansiedad por la ineptitud y la inmadurez de su hijo. Se saben de memoria las edades promedio en que los niños se sientan, gatean, usan la cuchara, dicen «pa pa», tiran al suelo la comida de vegetales y saben que su pequeño gordito está atrasado en muchas formas distintas. Temen, día tras día, que tenga atraso mental y esperan cada nuevo indicio de su desarrollo con evidente tensión.

Es obvio, ya sea que los padres sobreestimen o subestimen el potencial mental de sus hijos, que casi todos son muy sensibles y vulnerables en cuanto al tema de la inteligencia. Por lo tanto, debemos preguntarnos ¿por qué hay tanta tensión respecto a la capacidad intelectual de la próxima generación? Sencillamente porque: *La inteligencia es otro atributo extremadamente importante para calcular el valor personal del niño y es el segundo en importancia después de la belleza.* Estas dos cualidades no son simplemente características deseables que *esperamos* que nuestros hijos posean. Se encuentran en la cumbre de nuestro sistema de valores y por encima de cualquier otra opción imaginable. Cuando un niño no posee alguna de estas características, los padres experimentan a menudo sentimientos de culpa, agonía y desilusión por haber engendrado un niño inferior, que tiene los mismos defectos intolerables que, desde hace mucho tiempo, desprecian en sí mismos.

En cierta ocasión, conversé con un matrimonio que había hecho una solicitud para adoptar a un niño. Finalmente, habían recibido la tan esperada llamada telefónica, informándoles que la agencia había escogido a un bebé para su consideración. El padre me dijo que había interrogado al representante de la agencia sobre la historia y los factores hereditarios del niño. Le preguntó:

«¿Usó drogas su madre durante el embarazo?»

«¿Son muy inteligentes los padres?»

«¿Cuánto miden?»

«¿Qué tal les fue en la escuela?»

«¿Cuál es su aspecto?»

«¿Hay evidencias de que tengan alguna enfermedad hereditaria?»

«¿Fueron normales el embarazo y el alumbramiento?»

«¿Cuánto tiempo duró el parto?»

«¿Qué dijo el obstetra en su informe?»

«¿Ha visto al niño un pediatra?»

Sin embargo, durante el transcurso de este intenso interrogatorio, el padre comenzó a sentirse culpable de sus intenciones.

«Me di cuenta», dijo, «que estaba inspeccionando y evaluando a este niño como si fuera un automóvil que iba a comprar. Lo que en realidad estaba preguntando era si el pequeño estaba "calificado" para ser mi hijo. De pronto comprendí que la criatura que estaba acostada delante de mí era un magnífico ser humano, a pesar de sus imperfecciones y desventajas. Dios mismo lo había creado y le había dado un alma inmortal, y allí estaba yo exigiendo una criatura perfecta que algún día fuera motivo de orgullo para mí».

La actitud de este padre con respecto a su hijo adoptivo es también común entre los padres biológicos. Cuando el primer hijo está por nacer, sus padres esperan y oran porque sea un niño normal, es decir, «promedio». Pero, desde el momento en que nace en adelante, no es suficiente para ellos el que su hijo o hija sea promedio, debe sobresalir. Su hijo debe sobresalir. Debe triunfar. Debe ser el primero de su edad que empiece a andar, hablar o montar en triciclo. Debe obtener notas magníficas en la escuela, y asombrar a los maestros por su inteligencia y sabiduría. Debe ser el jugador más destacado del equipo de fútbol y el muchacho más popular de su clase. Su hermana debe ser líder de animadoras de aplausos en los juegos deportivos, o la solista del coro, o la reina de belleza de la escuela. Día tras día, durante todos los años de su desarrollo, los padres le comunican el mismo mensaje: «Hijo, contamos contigo para que hagas algo fantástico, ¡no nos vayas a decepcionar!»

Según Martha Weinman Lear, autora del libro *The Child Worshippers* [Los adoradores de niños], los jóvenes son el símbolo más fidedigno de nuestra posición social. Los padres de clase media compiten vigorosamente unos con otros para criar a los niños mejor vestidos, mejor alimentados, mejor educados, más cultos y más adaptados, de todo el barrio. A veces las esperanzas, los sueños y las ambiciones de toda la familia se depositan sobre los hombros de un niño inmaduro. Y en esta atmósfera de intensa competencia, los padres que han traído al mundo un niño dotado intelectualmente tienen en sus manos el boleto premiado. Como dice Lear: «Según esta manera de pensar, todos los niños merecen lo mejor, excepto los que han sido dotados intelectualmente, que merecen más que lo mejor».

Lamentablemente, los niños excepcionales son precisamente eso: excepciones. Rara vez un niño de cinco años se aprende de memoria toda la Biblia, juega ajedrez con los ojos tapados o compone sinfonías como las de Mozart. Al contrario, ¡una inmensa mayoría de niños no son deslumbrantemente brillantes, extremadamente ingeniosos o inmensamente populares! Son simplemente niños, con una enorme necesidad de que se les ame y se les acepte tal como son. Así que, insistir en que los hijos sobresalgan, no es sino preparar el escenario para que estos sientan una presión absurda y para que los padres sufran una decepción de gran magnitud.

El punto de vista del niño

Como dije en el capítulo anterior, a los tres o cuatro años, los niños ya entienden la importancia del atractivo físico. Todos los recursos educacionales imaginables son puestos en movimiento para inculcarle la necesidad de tener «buen aspecto». Sin embargo, afortunadamente la inteligencia, que es el segundo atributo humano más importante, tiene un impacto mucho menos evidente. El niño con nivel de inteligencia bajo, no tiene su cociente intelectual tatuado en la frente y con frecuencia sobrevive sus años preescolares conservando su autoestima intacta. En realidad puede llegar a los cinco o seis años sin haber notado la inmensa diferencia que lo separa de sus amigos más inteligentes. Pero, ¡entonces ocurre lo inevitable! Comienza su carrera escolar y el mundo entero se desploma y se hace añicos.

¡No nos equivoquemos! La escuela es un lugar peligroso para los niños cuyos egos son frágiles. Sin que haya sido hecho intencionalmente, el ambiente en que se desenvuelve el niño que tiene un nivel de inteligencia bajo, ha sido programado para destruir, poco a poco, su autoestima, hasta que no le quedan nada más que pedazos rotos. Como fui maestro, conozco muy bien las diferentes formas en que la autoestima es atacada inocentemente en el aula. Por ejemplo, la maestra anuncia a sus alumnos que van a tener una competencia de aritmética. Los siempre populares, Juan y María, son nombrados capitanes y tendrán que escoger diez miembros alternadamente. Le conceden a María el privilegio de elegir primero y escoge a la superestrella intelectual de la clase, que se traslada al lado del aula más cercano a su capitana. También, al primero que escoge Juan es al niño más inteligente. Durante todo este proceso, el necio de Renato se hunde cada vez más en su asiento sabiendo que va a tener problemas. Piensa: ¡*Por favor, que alguien me elija!* Pero, Renato ni siquiera sabe leer, así que mucho menos entiende las matemáticas y todos saben que es un tonto. Los capitanes siguen escogiendo hasta que no queda nadie en el centro del aula, excepto Renato, el tonto de la clase. Juan dice: «Escógelo tú». Y María dice: «¡No!, escógelo tú». Finalmente, la maestra le ordena a Juan que incluya a Renato en su equipo. Y, como era de esperar, cuando comienza la competencia, ¿quién se imagina que mete la pata? ¿Quién se imagina que hace que su equipo pierda? ¿Quién se imagina que quisiera que la tierra se abriera y se lo tragara?

El problema de aprendizaje de Renato es una de las cinco dificultades académicas más comunes, cada una de las cuales conduce a su víctima a creer que es tonto y, por lo tanto, un inútil. Son las siguientes:

(1) *El niño lento para aprender.* Renato, el niño que acabo de describir, aprende muy lentamente. Nadie sabe por qué le sucede eso, él mismo es el que menos lo sabe. Trata de hacer sus tareas escolares, pero todo le sale mal. No sabe leer. No entiende nada relacionado con las distintas ciencias. Rara vez recibe palabras de aprobación por algo bien hecho. *Nunca* la maestra ha escrito en ninguna de sus tareas: «Buen trabajo, Renato». Es el único niño de su clase que jamás tendrá una estrella dorada en sus pruebas de ortografía.

¿Pasa todo esto inadvertido para Renato? ¡Claro que no! ¡Se siente como un verdadero tonto! Pero, aunque no puede explicar lo que le ocurre, no es tan tonto como para no darse cuenta de ello. Está totalmente indefenso. Día tras día tiene que sentarse delante de los demás, dispuesto a fracasar. Por lo tanto, algo precioso está muriendo dentro de Renato. Seguirá viviendo, pero muy pronto se extinguirá su entusiasmo juvenil. Dentro de varias décadas, las personas se preguntarán el porqué Renato es tan aburrido, tan falto de imaginación e inseguro. Y no habrá nadie que les diga que su luz se apagó cuando tenía seis años de edad.

(2) *El niño semianalfabeto*. Marta es una niña mexicano-americana que está repitiendo el primer grado. Ella es semianalfabeta (a lo cual a menudo se le llama equivocadamente «ser bilingüe»). En su casa se hablan dos idiomas, pero no ha aprendido muy bien ninguno de los dos. Es tan incapaz de expresarse correctamente, que se siente increíblemente tonta. Por eso jamás dice ni una palabra, a no ser que la obliguen a hablar. El silencio es su única defensa contra el mundo hostil que la rodea.

(3) *El niño cuyo nivel de rendimiento en la escuela es muy bajo*. Cristina es una niña inteligente. Su cociente intelectual la coloca dentro del diez por ciento más alto de sus compañeros de clase y puede hacer con facilidad la mayoría de las tareas escolares. Lamentablemente, Cristina es muy indisciplinada por naturaleza. Se distrae fácilmente, a menudo se siente aburrida y rara vez algo la motiva. Termina sus tareas lo más rápidamente posible y evita todo esfuerzo innecesario. Las tareas escolares que debe realizar en la casa son inaceptables para ella y las esconde de sus padres muy hábilmente. Todo intento por hacer que Cristina se mueva trae como resultado otra manifestación de inactividad. Es más, ella *no sabe* que es inteligente. Los comentarios escritos por la maestra en sus tareas no dicen nada que sugiera su capacidad, sólo reflejan su falta de cuidado y sus errores. Tanto sus padres como su maestra están disgustados con su rendimiento, y es posible que Cristina llegue a la misma conclusión que sus amigas que saben menos que ella: «¡Soy una estúpida!»

(4) *El niño sometido a privación cultural*. Guillermo es un niño negro de un vecindario pobre. Nunca ha visitado un zoológico, viajado en avión o ha ido a pescar. La identidad de su padre es un misterio y su madre trabaja muchas horas para sostener a cinco hijos. Su vocabulario es muy limitado, excepto por una sorprendente colección de palabras vulgares; y no hay un lugar en su casa donde pueda leer o estudiar. Guillermo *sabe* que no va a tener éxito en la escuela y esta realidad influye en su evaluación personal.

(5) *El niño atrasado en su desarrollo*. Finalmente, quiero que conozca a Daniel, que es un niño atrasado en su desarrollo. Para entender su historia debemos regresar a sus días preescolares.

Daniel tiene cinco años de edad y pronto irá al kindergarten. Es un niño inmaduro, quien en muchas cosas todavía sigue siendo el bebé de su mamá. Comparado con sus amigos, la manera de hablar de Daniel es infantil y su coordinación física es deficiente. Llora tres o cuatro veces al día y otros muchachos se aprovechan de su inocencia. Un sicólogo especializado en problemas del desarrollo o un pediatra, verificaría que Daniel no tiene ningún problema físico ni está mentalmente retardado; simplemente está progresando de acuerdo con un horario fisiológico más lento que el de la mayoría de los niños de su edad. Sin embargo, ya ha cumplido cinco años y todo el mundo sabe que los niños de esa edad, pertenecientes a la clase media, van al kindergarten. Él está ansioso por ir a la escuela, pero en lo más profundo de su ser está muy nervioso debido a ese nuevo desafío. Sabe que su madre está deseosa de que le vaya bien en la escuela, aunque realmente no sabe por qué. Su padre le ha dicho que será un «fracasado» si no obtiene una buena educación. No está seguro de lo que significa la palabra «fracasado», pero sabe que no quiere ser uno. Mamá y papá esperan que él sea alguien extraordinario y no quiere desilusionarlos. Su hermana está ahora en el segundo grado y le va bien. Puede leer y escribir algunas palabras en letras de molde y conoce los días de la semana. Daniel espera que él también aprenderá esas cosas.

El kindergarten resulta ser un lugar muy tranquilo para Daniel. Monta en el triciclo, tira del camión y juega con el reloj de juguete. Prefiere jugar solo durante mucho tiempo, siempre que su maestra, la señorita Martínez, esté cerca. Ella se ha dado cuenta de que Daniel es inmaduro y no está listo para comenzar el primer grado, así que habla con sus padres acerca de la posibilidad de demorar un año su ingreso. «¿Repetir el kindergarten?», pregunta el padre. «¿Cómo puede ser que mi hijo haya sido suspendido en el kindergarten?»

La señorita Martínez trató de explicar que Daniel no ha sido suspendido en el kindergarten, sino que simplemente necesita otro año de desarrollo antes de entrar al primer grado. La sugerencia le causa al padre el efecto de un cataclismo. Dice: «El muchacho tiene seis años, ya debería estar aprendiendo a leer y escribir. ¿De qué le sirve arrastrar ese ridículo camión o montar ese estúpido triciclo? ¡Póngalo en el primer grado!» La señorita Martínez y el director aceptaron hacerlo en contra de su voluntad.

Cuando comenzó el siguiente año escolar, Daniel entró al aula de primer grado caminando vacilantemente y llevando agarrada fuertemente su lonchera. Desde el primer día comienzan sus problemas académicos y lo más difícil de todo pareciera ser la lectura. Su nueva maestra, la señorita Rodríguez, comienza a hablar del alfabeto y Daniel se da cuenta de que la mayoría de sus amigos ya lo han aprendido. Necesita esforzarse un poco para ponerse al día. Pero con demasiada rapidez la señorita Rodríguez empieza a enseñar algo nuevo; quiere que la clase aprenda el sonido que cada letra representa y muy pronto él se encuentra aún más atrasado de lo que estaba. Poco tiempo después la clase comienza a leer un interesante libro de cuentos. Algunos niños pueden leerlo con enorme facilidad, pero Daniel todavía está aprendiendo el alfabeto. La señorita Rodríguez divide la clase en tres grupos de acuerdo con sus habilidades. Quiere ocultar el hecho de que a un grupo le va mucho peor que a los otros, así que les asigna nombres de camuflaje como: «leones», «tigres» y «jirafas». El motivo de la señorita Rodríguez es noble, pero no engaña a nadie. ¡Los niños no tardan más de dos minutos en darse cuenta de que todos los que forman el grupo de las jirafas son tontos! Daniel comienza a preocuparse por la lentitud de su progreso y lo atormenta la idea de que hay algo drásticamente malo en él.

En la primera reunión de padres y maestros, la señorita Rodríguez les habla a los padres de Daniel acerca de sus problemas en la escuela. Describe su inmadurez y su incapacidad para concentrarse o permanecer quieto en el aula. «Tonterías», dice el padre. «Lo que él necesita es hacer más ejercicios». Insiste en que Daniel lleve sus libros a casa, para que padre e hijo juntos hagan un montón de ejercicios académicos. Pero todo lo que hace Daniel irrita al padre. Su mente infantil se pone a divagar y se olvida de lo que su padre le dijo cinco minutos antes. A medida que aumenta la tensión del padre, disminuye la productividad de Daniel. En un momento determinado, el padre de Daniel da un puñetazo en la mesa y le grita a su hijo: «¡Estúpido!» El niño jamás olvidará esa hiriente evaluación hecha por su padre.

Aunque Daniel luchó inútilmente por aprender durante sus primeros días en la escuela, unos dos meses después ha perdido todo interés y motivación. Mira por la ventana. Dibuja y garabatea con el lápiz. Habla en voz baja y juega. Como no puede leer, tampoco puede deletrear, ni escribir, ni hacer ninguna de sus tareas. No participa y está aburrido. La mayor parte del tiempo no sabe qué es lo que sucede a su alrededor. Se siente enormemente inferior e incompetente. «Por favor, Daniel, ponte de pie y lee el siguiente párrafo», le dice la maestra. Se pone de pie y apoya todo su peso, primero sobre un pie y luego sobre el otro, mientras lucha por identificar la primera palabra. Las niñas se ríen disimuladamente y escucha a uno de los niños decir: «¡Qué estúpido!» El problema comenzó como un retraso en el desarrollo, pero ahora se ha convertido en una bomba emocional de tiempo y en un creciente odio hacia la escuela.[1]

Las categorías de los problemas de aprendizaje que he descrito (el niño lento para aprender, el semianalfabeto, el niño cuyo nivel de rendimiento en la escuela es muy bajo, el sometido a privación cultural y el atrasado en su desarrollo) representan los cinco grandes grupos de estudiantes que continuamente fracasan en el aula. *¡Es lamentable tener que admitir que los niños en estas cinco categorías realmente superan a los estudiantes que*

---

[1] La historia de Daniel fue tomada de *Atrévete a disciplinar*, por el doctor James Dobson. Copyright (c) 1970 por Editorial Vida, Dearfield, Florida. Usado con permiso.

sienten haber logrado el éxito en la escuela! Esto significa que la insatisfacción y el desaliento son consecuencias muy comunes de nuestro sistema educativo. Son culpables del alto porcentaje de adultos en nuestra sociedad que secretamente «saben» que son tontos, esa es la lección que aprendieron mejor cuando estaban en la escuela.

Como dije anteriormente, si queremos entender a nuestros hijos, es decir, si queremos entender sus sentimientos y su comportamiento, tenemos que avivar el recuerdo de nuestra propia infancia. ¿Puedes recordar cuán inmensamente tonto te sentías cuando eras niño? ¿Puedes sentir, aún hoy, cómo te subía la sangre por el cuello y las orejas al cometer algún error delante de otras personas? ¿Te acuerdas de cómo te sentiste desfallecer al escuchar las risotadas de tus compañeros cuando dijiste alguna tontería en la escuela? ¿Puedes sentir, una vez más, el profundo dolor causado por las burlas y el desprecio de todo el mundo? Todos los niños experimentan momentos desagradables como éstos, pero lamentablemente, algunos niños viven todos los días de sus vidas expuestos a esta clase de humillación. A menudo, el niño que posee menos habilidades que el promedio está predestinado a este torbellino de desesperación.

Otros componentes de la autoestima

He enfatizado la importancia de dos factores: la belleza y la inteligencia, en la formación de la autoestima y la confianza. Para los hombres, el atractivo físico pierde gradualmente su valor durante el final de la adolescencia y el comienzo de la edad adulta, cediéndole el primer lugar a la inteligencia. Sin embargo, para las mujeres, la belleza mantiene su primera posición a lo largo de toda la vida, aun en la edad madura y más allá de ella. *La razón por la cual la mujer promedio prefiere ser bella a ser inteligente es porque sabe que el hombre promedio puede ver mejor de lo que puede pensar.* El sistema de valores de la mujer se basa en el del hombre y probablemente continuará siendo así. Las preferencias personales del hombre también están fundadas en las opiniones del sexo opuesto, ya que la mayoría de las mujeres le dan más valor a la inteligencia en el hombre que a ser bien parecido.

Por supuesto, la belleza y la inteligencia no son los únicos ingredientes de la autoestima. Todos hemos conocido a intelectuales atractivos que no podían ocultar la insatisfacción que sentían consigo mismos. Lo que quiero decir es que la mayoría de las veces, los sentimientos de inferioridad están relacionados con estos dos importantes valores. Las siguientes son algunas de las otras influencias más comunes:

(1) Los padres poseen un poder extraordinario para preservar o perjudicar la autoestima de un niño. Su manera de tratarlo comunica respeto y amor, o desilusión y desinterés. Este aspecto del papel desempeñado por los padres será considerado en detalle cuando en el siguiente capítulo hablemos de ciertas estrategias para contribuir a desarrollar la autoestima de los niños.

(2) Los hermanos o hermanas mayores pueden destruir la seguridad en sí mismo de un hermano menor y más débil. El pequeño nunca puede correr tan rápido, o pelear tan bien como los otros, o lograr tantas cosas como las que logran sus hermanos y hermanas mayores.

(3) Los primeros disparates y errores cometidos ante los demás son a veces extremadamente dolorosos y su recuerdo dura para toda la vida.

(4) Las dificultades económicas, que impiden que el niño se vista igual que sus compañeros y que disfrute del estilo de vida de ellos, pueden hacer que este se sienta inferior. No es la pobreza en sí misma la que produce el daño. Más bien es la comparación con los demás. Es posible que alguien se sienta pobre a pesar de ser verdaderamente rico, según las normas del mundo. Por cierto, probablemente el dinero es el tercer factor más importante en la formación de la autoestima en nuestra cultura. Por ejemplo, ante los ojos materialistas de la sociedad, un adolescente con granos en la cara, montado en una bicicleta, es menos importante que otro que maneja un auto deportivo del año.

(5) Alguna enfermedad, aunque no sea evidente, puede significar el «defecto interior» del niño. Una afección cardíaca o algún otro trastorno, que hace que la mamá se pase todo el día rogándole que haga las cosas más lentamente, puede convencer al niño de que es frágil y defectuoso.

(6) Un niño que ha sido criado en un ambiente protegido, como el de una granja o de un hogar en el campo misionero, puede sentirse avergonzado debido a sus rudimentarias habilidades sociales. Su tendencia es encerrarse en sí mismo, apartándose de los demás.

(7) Las características familiares vergonzosas, como tener un padre alcohólico o un hermano retardado mental, pueden provocar sentimientos de inferioridad por causa de la estrecha identificación con esos familiares que son objeto del desprecio de otras personas.

Lamentablemente, esta lista casi podría ser interminable. Al analizar el problema de la insuficiencia he llegado a esta conclusión: mientras que un niño puede perder su autoestima de mil maneras distintas, la cuidadosa reconstrucción de su valor personal suele ser un proceso lento y difícil.

Preguntas y respuestas

(1) *¿No hay algún indicio de que los jóvenes también están hartos de los valores que ha descrito?*

Sí, por un período relativamente corto durante los últimos años de la adolescencia. En realidad creo que el «movimiento juvenil» de los últimos quince años, comenzando con los jóvenes rebeldes de la segunda posguerra que protestaban contra los valores tradicionales de la sociedad, seguido por los *hippies* y que ahora forma parte de la actual contracultura, ha sido motivado por un rechazo de los valores inalcanzables que he descrito.

La tercera ley física de Isaac Newton afirma: «Por cada acción hay una reacción igual y opuesta». Su observación, comprobada a través del tiempo, no sólo describe la acción y la reacción de los cuerpos físicos, sino que también se aplica al mundo de las personas. Siempre que una sociedad enfatiza ciertos valores muy por encima de su verdadera importancia, se producirá muy pronto una reacción apropiada entre los disidentes, la cual será «igual y opuesta». Parece evidente que el movimiento juvenil es una reacción de oposición al énfasis sin precedentes que se le ha dado a la belleza, la inteligencia y el dinero. Considere el comportamiento del individuo que rechaza a la sociedad, conocido generalmente como «hippie». Trata de ser lo más horrible que puede, suele distinguirse por su cabellera despeinada y la ausencia de maquillaje entre las mujeres. Rechaza todo tipo de educación formal rehusando aplicar su potencial intelectual en la manera tradicional. («Usted puede llevar a su hijo a la escuela, pero no puede hacerlo pensar».) Y finalmente, desprecia toda la ética relacionada con el trabajo, mediante la cual se produce el materialismo. Es mi opinión que este comportamiento de protesta ha sido motivado principalmente por una aversión a los valores de la sociedad establecida.

(2) *¿Es ésta una buena tendencia?*

El rechazo de los valores falsos de nuestra sociedad es una actitud admirable en sí misma, pero la pregunta más importante tiene que ver con los sustitutos que han tomado su lugar. En la búsqueda de otros valores, muchos jóvenes desilusionados se han entregado a las drogas, a las enfermedades venéreas, a la inmundicia, a la inmoralidad y a la filosofía de hacer uno lo que quiera, cosas que difícilmente pueden considerarse como mejoras del antiguo sistema.

(3) *¿Es esta la causa de la ausencia de significado y propósito en las vidas de tantos jóvenes?*

En gran parte, sí. Creo que también justifica la tremenda energía invertida en el Movimiento de Jesús hacia fines de los años sesenta. Los principios del cristianismo fueron súbitamente descubiertos de nuevo por los jóvenes, en un momento cuando todos los demás valores habían desaparecido y hecho añicos. En medio del enorme vacío que existía, apareció algo por lo que valía la pena vivir o aun morir. Un sistema de valores que ofrecía un valor y una dignidad humanos máximos a todas las personas en el mundo. Al mirar atrás parece inevitable que el cristianismo hubiera florecido, en la atmósfera que prevalecía entre los jóvenes en los últimos años sesenta y al comienzo de la década de los setenta.

4

ESTRATEGIAS PARA DESARROLLAR
LA AUTOESTIMA

Ya es hora de que le declaremos una guerra total al sistema de valores destructivos que he descrito, el sistema que reserva el valor personal y la dignidad para una selecta minoría. Rechazo la idea de que la inferioridad y la insuficiencia son inevitables, y que la actual epidemia de desconfianza de uno mismo es también inevitable. Aunque nuestra tarea es más difícil con algunos niños que con otros, *hay* maneras de enseñarle a un niño cuál es su verdadera importancia, sin tener en cuenta la forma de su nariz, el tamaño de sus orejas o la eficiencia de su mente. *Todos* los niños tiene derecho a mantener su cabeza erguida, no con orgullo, sino con confianza y seguridad. Este es el concepto del valor personal que tuvo en mente nuestro Creador. ¡Qué tontos somos para dudar de nuestro valor, cuando Dios mismo nos formó a su imagen! Su opinión acerca del culto a la belleza fue expresada muy claramente hace más de tres mil años, cuando Samuel buscaba un rey para Israel. Desde luego, Samuel escogió al más alto y apuesto de los hijos de Isaí, pero Dios le dijo que había elegido mal:

> [...] No mires a su parecer, ni a lo grande de su estatura, porque yo lo desecho; porque Jehová no mira lo que mira el hombre; pues el hombre mira lo que está delante de sus ojos, pero Jehová mira el corazón.
> (1 Samuel 16.7)

A pesar de la claridad de este mensaje, no se lo hemos enseñado a nuestros hijos. Algunos de los niños se sienten tan inferiores que ni siquiera pueden creer que Dios los ama. Se

59

sienten tan absolutamente inútiles e insignificantes, que llegan a pensar que Dios no entiende lo que les ocurre, ni tampoco le interesa. Precisamente eso fue lo que le sucedió a un niño llamado Cristóbal, que le escribió la siguiente carta al doctor Richard A. Gardner, sicoterapeuta que trabaja con niños:

> Estimado doctor Gardner:
>
> Lo que me molesta es que hace mucho tiempo una persona grande, era un muchacho que tenía unos trece años de edad, me llamó «tortuga» y yo sé que me llamó así por motivo de mi cirugía plástica.
>
> Y creo que Dios me odia debido a mi labio. Y cuando me muera probablemente me mandará al infierno.
>
> Le quiere, Cristóbal

¿Puedes sentir la soledad y la desesperación de Cristóbal? ¡Qué triste es que a la edad de siete años, un niño ya crea que todo el mundo le odia! ¡Qué desperdicio del potencial que existía en el momento de su nacimiento! ¡Qué dolor más innecesario el que tendrá que soportar por el resto de su vida! Sin embargo, Cristóbal no es nada más que otra víctima de un estúpido y vano sistema de estimar el valor de los seres humanos; sistema que enfatiza atributos que son inalcanzables para la mayoría de los niños. En vez de recompensar la sinceridad, la integridad, la valentía, la destreza, el humor, la maternidad, la lealtad, la paciencia, la diligencia u otras virtudes que eran elogiadas en tiempos pasados, ahora brindamos nuestro mayor reconocimiento a los jóvenes inteligentes que tienen «buena apariencia» cuando se exhiben en la playa. ¿No es hora de que pongamos a un lado esta discriminación innecesaria?

¿Qué debemos hacer? ¿Cómo podemos nosotros, los padres y los maestros, formar personalidades firmes y espíritus invencibles en nuestros niños, a pesar de las fuerzas sociales que predominan? ¿Cuáles son los pasos que se deben dar para cambiar el rumbo? Las sugerencias y recomendaciones, que daré seguidamente, están dirigidas a contestar estas preguntas, al ofrecer estrategias específicas para ser puestas en práctica. Estas estrategias se concentran principalmente en la primera época de la vida en el hogar, los años escolares, la experiencia de la adolescencia y los asuntos relacionados con los adultos.

Después de cada estrategia hay una sección de preguntas y respuestas, las cuales reflejan verdaderas preguntas que he recibido de distintos padres pidiéndome consejos específicos.

Mi propósito ha sido formular una bien definida filosofía sobre la crianza de los niños, que contribuya al desarrollo y fortalecimiento de la autoestima desde la infancia en adelante.

Estrategia #1
Examinar los valores en nuestro propio hogar

En un sentido muy real, los padres somos el fruto de la sociedad cuyos valores he condenado anteriormente. Se nos ha enseñado sistemáticamente, como a todos los demás, a rendir culto a la belleza y a la inteligencia de la misma manera en que lo hicieron nuestros abuelos y abuelas, nuestros tíos y tías, así como nuestros primos y vecinos. Todos queremos tener hijos extraordinarios que asombren al mundo. Tenemos que admitirlo, estimado amigo: hemos conocido al enemigo, ¡que no es otro que *nosotros mismos*! A menudo, el mayor de los daños es causado involuntariamente en el propio hogar, que debería ser un lugar de refugio y protección para el niño. Además, en mi trabajo aconsejando a los padres, he observado que los *propios* sentimientos de inferioridad que ellos tienen les hace difícil aceptar las imperfecciones evidentes de sus hijos e hijas. No tienen intención de rechazarlos y se esfuerzan en ocultar esos íntimos pensamientos; pero el hijo «deficiente» simboliza sus propios fracasos e insuficiencias. Por eso es necesario que un padre sea muy maduro para que pueda mirar a su hijo que es feo o a uno con claras deficiencias mentales y le diga: «No sólo te amo, sino que reconozco tu inmenso valor como ser humano».

Por lo tanto, el primer paso para edificar la autoestima de tus hijos es examinar tus propios sentimientos estando dispuesto incluso a poner al descubierto tus actitudes cargadas de sentimientos de culpabilidad, que hasta ahora pudieran haber sido inconscientes. ¿Estás secretamente decepcionado porque tu hijo es tan común o corriente? ¿Lo has rechazado porque no es atractivo? ¿Piensas que es tonto? ¿Nació durante un tiempo difícil, lo cual produjo tensión económica o física en la familia? ¿Querías tener una niña en vez de un niño o viceversa? ¿Fue concebido este niño (o niña) fuera del matrimonio, lo cual les obligó a casarse? ¿Estás enojado con él por haberte quitado la libertad que tenías o por requerir que tengas que dedicarle mucho de tu tiempo? ¿Te sientes avergonzado porque es demasiado inquieto y ruidoso o demasiado retraído y taciturno? Es evidente que no puedes enseñar a tu hijo a respetarse a sí mismo, ¡cuando tienes tus propias razones para que no te caiga bien! Examinando tus sentimientos más íntimos, tal vez con la ayuda de un consejero o médico comprensivo, podrás hacer lugar en tu corazón, como padre o madre amoroso, para tu hijo que está muy lejos de ser perfecto. Después de todo, ¿qué derecho tenemos de exigir que nuestros hijos sean extraordinarios cuando nosotros mismos somos tan comunes o corrientes?

Gran parte del concepto que tu hijo tiene de sí mismo se desarrolla como resultado de la manera en que el niño cree que tú lo «ves» a él. Con mucho interés, presta atención a lo que tú dices y haces. Está más atento a tus «declaraciones» sobre su valor personal que sobre cualquier otro tema, incluso percibe tus actitudes no expresadas y tal vez inconscientes. El doctor Stanley Coopersmith llevó a cabo un estudio exhaustivo sobre la autoestima (descrito con más detalles en la Estrategia #6) y llegó a la conclusión, de que los padres ejercen una tremenda influencia en la opinión que el hijo tiene de sí mismo. Pueden equiparlo con la confianza necesaria para resistir las presiones sociales que he descrito o pueden dejarlo prácticamente indefenso. La diferencia se encuentra en la calidad de su interacción. Cuando el niño está convencido de que sus padres lo aman y lo respetan mucho, se inclina a aceptar su valor personal.

Sin embargo, he observado que muchos niños saben intuitivamente que sus padres los aman, pero no creen que tienen un alto concepto de ellos. Estas actitudes, aparentemente contradictorias, no son poco comunes en las relaciones humanas. Por ejemplo, una mujer puede amar a su marido alcohólico y al mismo tiempo no respetarlo debido a la clase de hombre en que se ha convertido. Así es que un niño puede llegar a la siguiente conclusión: «Claro, me aman porque soy su hijo, me doy cuenta de que soy importante para ellos, pero no están orgullosos de mí como persona. Soy una desilusión para ellos. Les he fallado. No soy lo que esperaban de mí».

A riesgo de ser redundante debo enfatizar lo que acabo de decir: es muy fácil mostrar amor y falta de respeto al mismo tiempo. Un niño puede saber que si fuera necesario realmente daríamos nuestra vida por él y al mismo tiempo percibir nuestras dudas en cuanto a estar dispuestos a aceptarlo como es. Nos ponemos nerviosos cuando comienza a hablar con personas que están de visita en la casa o que no son de la familia. Nos metemos en la conversación para explicar lo que él está tratando de decir o nos reímos con nerviosismo cuando sus comentarios parecen tontos. Cuando alguien le hace una pregunta, interrumpimos y contestamos por él. Mostramos nuestra frustración cuando tratamos de peinarle o de hacer que se «vea bien» para una ocasión importante. Él sabe que pensamos que ésa es una tarea imposible. Si va a pasar un fin de semana en la casa de algún familiar o amigo, le damos una larga disertación sobre cómo debe actuar para evitar ponerse en ridículo. Estas maneras de comportarnos son señales para el niño de que tenemos temor de que nos haga quedar en ridículo, que debe ser supervisado cuidadosamente para que no avergüence a toda la familia. Él percibe falta de respeto en nuestra conducta, aunque nos expresemos con verdadero amor. Este amor es algo privado entre él y nosotros, mientras que la confianza que tengamos en nuestro hijo y la admiración que sintamos por él son comunicadas a las personas que no son parte de la familia y tienen implicaciones sociales.

Por lo tanto, amar a nuestros hijos es sólo la mitad de la tarea de desarrollar la autoestima. Debemos añadir el elemento del respeto si queremos contrabalancear los insultos que la sociedad le lanzará más tarde. A menos que *alguien* crea en su valor personal, el mundo puede llegar a ser verdaderamente un lugar muy frío y solitario. Esta es la razón por la cual describí en los últimos dos capítulos las enormes amenazas que acechan a la autoestima. He querido que cada padre vea precisamente con lo que sus hijos tendrán que enfrentarse en la vida y la enorme importancia de prepararlos para resistir a sus críticos.

Según creo, existen cuatro barreras muy comunes que pueden hacer que un hijo tenga dudas de su valor personal, aunque sus padres lo amen profundamente. Te sugiero que examines lo que ocurre en tu propio hogar, a medida que consideramos estos peligros que debemos evitar.

(1) *La insensibilidad de los padres*. Si hay una lección que los padres necesitan aprender urgentemente, es que deben tener mucho cuidado con lo que dicen en la presencia de sus hijos. A menudo, después que he terminado de hablar en una conferencia, he sido consultado por uno de los padres acerca de algún

problema que su hijo o hija tiene. Mientras la madre describe los detalles, me doy cuenta de que el niño o la niña que es objeto de toda la conversación, está parado a menos de un metro detrás de ella. Sus oídos están muy atentos a la franca descripción de todos sus defectos. Me siento aterrado cuando escucho a un padre o a una madre que sin darse cuenta destruye de esta manera la autoestima de su hijo. Por ejemplo, precisamente esta tarde, llevé a mi hijo y a mi hija a un parque durante un descanso en el tiempo que he fijado para escribir este libro. Mientras estábamos allí, una insensible madre se puso a hablarme de su hijo Rogelio, de seis años de edad, que se encontraba a unos pocos pasos de distancia y oía todo lo que ella decía.

Aquella madre hablaba como una ametralladora: «Cuando nació tenía una fiebre altísima, como de unos cuarenta grados centígrados, por lo menos. El médico no pudo hacer nada para ayudarlo. Además le dio una medicina equivocada. Ahora Rogelio nunca será el mismo. Dicen que tiene una lesión cerebral y tiene mucha dificultad para aprender en la escuela».

Si Rogelio fuera mi hijo, su defecto mental sería lo último de lo que me escucharía hablar con un extraño. Fue como si me hubiera dicho: «Este es mi hijo Rogelio. Es el tonto de la familia, algo anda mal con su cerebro». Qué insensible era aquella mujer a la terrible desgracia que estaba viviendo su hijo. Sus palabras no parecieron producir ningún efecto en Rogelio. En realidad, ni siquiera levantó los ojos. Pero estoy seguro de que escuchó a su madre y el concepto que tendrá de sí mismo *siempre* será un reflejo de lo que ella dijo.

Y lo asombroso es que no son solamente los padres insensibles los que cometen esta clase de error tonto. Recientemente envié a un inteligente niño de nueve años de edad a un neurólogo, debido a un problema muy serio de aprendizaje en la escuela. Después de hacerle un examen minucioso, el médico llamó a los padres y se puso a hablar de todos los detalles de la «lesión cerebral» que tenía el niño, en frente del pequeño paciente que estaba mirando con los ojos desorbitados. ¿Cómo podemos preservar la autoestima de un niño, cuando hemos olvidado completamente lo que es ser niño? ¿No sabemos que los niños nos están escuchando? Es sabio el adulto que comprende que la autoestima es la característica más frágil de la naturaleza humana, y que una vez que se quiebra, es más difícil de reparar que un huevo roto.

Los padres deben ser muy sensibles en cuanto a todo lo que esté relacionado con el atractivo físico y con la inteligencia. Estos son los dos «puntos débiles» principales, en los cuales los hijos son más vulnerables. Por supuesto es imposible eliminar totalmente este sistema de valores, porque penetra como el comején por las paredes de una casa. Veamos cómo se enseña la importancia de la belleza por medio de los acontecimientos y las conversaciones de todos los días:

Anuncio publicitario: «Usted también puede tener una cabellera hermosa».

Madre: «El matrimonio Ramírez tiene hijos verdaderamente graciosos».

Padre: «¿Cuándo empezarás a crecer, Carlitos?»

Cuento de hadas: «Entonces el patito feo se sentó y se puso a llorar».

Televisión: «La *nueva* Miss Universo es...»

Pariente: «Qué hermosa te has vuelto».

El mundo entero parece estar organizado para comunicar este mensaje a los jóvenes. Aunque no puedes proteger totalmente a tus hijos de su impacto, no debieras contribuir a aumentarlo. También puedes eliminar los programas de televisión más malos y ayudar a tus hijos a escoger buen material de lectura.

La sensibilidad es una capacidad de vital importancia para los maestros. El doctor Clyde Narramore, autor y sicólogo, relata una ocasión en la que estaba visitando una clase donde la maestra quería dar a entender la diferencia entre los conceptos de «pequeño» y «grande». Escogió al alumno más pequeño de todos, que parecía un enano, un niño retraído que jamás decía una palabra y lo hizo pasar al frente y pararse al lado de ella. Dijo: «¡Pequeño! David es pequeño». Después lo mandó de regreso a su asiento y llamó al frente a la muchacha más alta de la clase. «¡Grande! ¡Grande! ¡Marta es muy grande!», dijo la maestra. El doctor Narramore cuenta que todos los niños en el aula pudieron ver cómo David y Marta se pusieron rojos al sentirse humillados de aquella manera, pero la maestra no se dio cuenta. No podemos proteger la autoestima de la próxima generación si nuestros ojos siempre están mirando a una altura de casi un metro más arriba de sus inclinadas cabezas.

La palabra clave es «sensibilidad». Significa «estar en sintonía» con los pensamientos y los sentimientos de nuestros hijos, escuchando las señales que ellos nos transmiten y reaccionando de una manera apropiada a los mensajes que logramos detectar.

(2) *La fatiga y la presión de la falta de tiempo*. ¿Por qué hay que recordarles a los padres dedicados que sean sensibles a las necesidades de sus hijos? ¿No debería ser esa la expresión natural de su amor y su preocupación? Sí, debería serlo, pero papá y mamá tienen sus propios problemas. Son empujados a los límites de su resistencia por la falta de tiempo. Papá tiene tres empleos y se esfuerza al máximo para poder mantenerlos. Tampoco mamá tiene un minuto libre. Por ejemplo, mañana por la noche ella tiene ocho invitados a cenar y sólo tiene la noche de hoy para limpiar la casa, ir al mercado, arreglar las flores para el centro de mesa y coser el dobladillo del vestido que va a ponerse. La lista de cosas que tiene que hacer es de tres páginas y ya tiene un tremendo dolor de cabeza. Abre un paquete de fideos precocinados para la cena de los niños, con la esperanza de que no la molesten y poder llevar a cabo todo lo que tiene que hacer. A eso de las siete de la noche, el pequeño Danielito encuentra a su sudorosa madre y le dice:

—Mira lo que acabo de dibujar, mamá.

Ella le lanza una rápida mirada y le dice:

—¡Ajá! —pensando evidentemente en otra cosa.

Diez minutos más tarde, Danielito le pide que le dé jugo de fruta. Lo complace, pero le molesta la interrupción. Está atrasada en su horario y la tensión aumenta. Cinco minutos después, la vuelve a interrumpir, esta vez para que le dé un juguete que está en el estante superior de un armario. Se queda mirándolo por un momento y luego sale corriendo por el pasillo, en dirección a donde está el armario, murmurando mientras lo hace. Pero al pasar frente a la puerta abierta de su habitación ve que ha desparramado todos sus juguetes por el suelo y ha hecho un desastre con la goma de pegar. Mamá explota. Se pone a gritar y a amenazar y sacude a Danielito hasta hacerle castañetear los dientes.

¿Le es familiar este drama? Debería serlo, porque el «pánico rutinario» se ha convertido en el estilo de vida de muchos hogares. Recientemente dirigí una encuesta en la que participaron setenta y cinco mujeres casadas de clase media, que tenían entre veinticinco y treinta y cinco años de edad. Les pedí que indicaran las causas de depresión que con mayor frecuencia las hacían sentirse desesperadas y melancólicas. Se dieron a conocer muchos problemas comunes, incluyendo los conflictos con los suegros, dificultades económicas, problemas con los hijos, problemas sexuales y fluctuaciones del estado emocional, relacionadas con las alteraciones menstruales y fisiológicas. Pero lo que me sorprendió fue que *la fatiga y la falta de tiempo* fueron señaladas por la mitad del grupo como la causa principal de depresión; ¡la otra mitad las señaló como la segunda causa! Es evidente que muchas familias viven de acuerdo con un horario de último minuto, de emergencia y les resulta imposible cumplir con el exceso de compromisos que tienen. ¿Por qué lo hacen? Las mujeres que contestaron la encuesta admitieron su desagrado por el ritmo agitado de vida que llevan, pero dijeron que se ha convertido en un monstruo que no pueden dominar. Cada vez corren a mayor velocidad, agregando continuamente más actividades a sus agitados días. Aun sus momentos de recreación se distinguen por la misma agitación. Hubo una época cuando un hombre no se enojaba si perdía la diligencia; simplemente tomaba la del mes siguiente. ¡Ahora si un individuo tiene que esperar por unos segundos a que una puerta se abra se llena de desesperación!

¿Pero puede imaginarse quiénes son los inevitables perdedores en este estilo de vida apresurado? Es el pequeñito que observa este correteo con sus manos metidas en los bolsillos de su pantalón. Extraña a su papá durante todo el día y por la noche anda detrás de él diciéndole: «¡Juega conmigo a la pelota, papá!» Pero papá está exhausto y además tiene su portafolio lleno de trabajo que tiene que hacer. Mamá le había prometido llevarlo al parque esa tarde, pero, a última hora se le presentó un compromiso y tuvo que salir. El muchachito capta el mensaje: otra vez sus padres están demasiado ocupados. Por lo tanto, se sienta frente al televisor y se pasa dos horas mirando dibujos animados y películas sin sentido.

Los niños no encajan muy bien dentro de una lista de cosas que se tienen que hacer apresuradamente. Cuando los hijos son pequeños se requiere de tiempo para ser un padre o una madre eficiente. Toma tiempo darles a conocer buenos libros. Toma tiempo volar cometas, jugar a la pelota y armar juntos rompecabezas. Toma tiempo escucharlos hablar, una vez más, de la caída que se dieron cuando se lastimaron la rodilla y del pajarito con el ala rota. Estos son los bloques con que se construye la autoestima y que se mantienen unidos entre sí por la argamasa del amor. Pero que muy pocas veces se convierten en realidad en medio de horarios llenos de una infinidad de actividades. En lugar de eso, las vidas repletas de obligaciones producen fatiga; la fatiga produce irritabilidad; la irritabilidad produce indiferencia y la indiferencia puede ser interpretada por el niño, como falta de verdadero afecto y aprecio.

Mi consejo a esos padres es: ¡Aflojen el paso! ¿Qué apuro tienen? ¿Acaso no saben que sus hijos se marcharán muy pronto y que todo lo que les quedará serán recuerdos borrosos de aquellos años cuando ellos los necesitaban? No estoy sugiriendo que invirtamos toda nuestra vida en nuestros hijos, ni que todos tienen que ser padres. Pero, una vez que esos hijos vienen al mundo, más vale que ellos ocupen un lugar importante en nuestros horarios. Sin embargo, lo que acabo de decir es un mensaje solitario en la sociedad actual. Otros le dicen a mamá que se busque un empleo, que se haga de una profesión, que haga con su vida lo que ella quiera, que encargue el cuidado de sus hijos a alguna guardería infantil. Que deje que sean otros quienes disciplinen, eduquen y guíen a su hijo que empieza a andar. Y mientras ella hace con su vida lo que quiere, más vale que tenga fe en que «esos otros» comuniquen el mensaje de autoestima y valor personal a su gordito lindo que todas las mañanas le dice adiós con la mano.

(3) *Sentimientos de culpabilidad.* Por si no te has dado cuenta, te diré que ser padres es algo que produce muchos sentimientos de culpabilidad, incluso a los «profesionales» dedicados a la crianza de sus hijos. El conflicto de intereses que surge entre las necesidades de los niños y las demandas hechas por las distintas responsabilidades de los adultos, tal como las acabo de describir, es sólo una de las muchas incongruencias que pueden llenar nuestros corazones de dolorosos sentimientos de culpabilidad. (Algo que me ha llamado mucho la atención es que la situación se invierte gradualmente, a medida que envejecemos, pues son nuestros hijos adultos los que entonces se sienten culpables por los errores que cometieron en relación con nosotros.) Como nadie puede realizar la labor a la perfección, nos sometemos a un interrogatorio constante y severo en el tribunal de la aceptabilidad como padres: ¿Fui justo en la forma en que discipliné a mis hijos? ¿Reaccioné de modo exagerado por causa de la frustración y el enojo? ¿He sido parcial con el hijo que es mi

favorito? ¿Tuve culpa de que se enfermara porque no lo cuidé como debía? ¿Fui culpable del accidente que tuvo? ¿He cometido los mismos errores que hicieron que me enojara con mis padres? Una y otra vez dan vueltas en nuestras cabezas las dudas y los reproches.

He visto a padres sufrir muchísimo por causa de circunstancias totalmente fuera de su control, como cuando les nace un hijo mentalmente retardado. Aunque la causa del defecto fue genética y este era totalmente desconocido hasta el momento de nacer, a menudo interpretan el desastre como un castigo por algún pecado del pasado. Una vez que aceptan esa idea como una verdad, de ahí en adelante cargarán por el resto de sus vidas con la responsabilidad por el infortunio de su hijo. Estos sentimientos de culpabilidad infundados pueden producir una separación entre un hombre y una mujer felizmente casados, destruyendo su relación y consumiéndolos en un estado de amargura.

Los sentimientos de culpabilidad pueden interferir en una relación saludable entre padres e hijos. En primer lugar, pueden destruir el gozo de ser padres, haciendo que esa responsabilidad se convierta en una dolorosa faena. En segundo lugar, los sentimientos de culpabilidad casi siempre afectan la forma en que el padre o la madre trata a un hijo. La reacción típica es comprarle todo lo que él pide a gritos, sin importar si lo necesita o no, así como volverse mucho más permisivo en lo referente al control. Aparentemente razona de la siguiente manera: «Con todo lo que hice mal, lo menos que puedo hacer por mi hijo es no castigarlo y hacerlo sentir bien». Como veremos más adelante, la autoestima se hace añicos en ese ambiente de irresponsabilidad. Y en tercer lugar, por medio de alguna misteriosa habilidad de percepción, el niño suele «sentir» los ocultos sentimientos de culpabilidad que sus padres tienen. Sabe que hay algo en ellos que no puede identificar y se pregunta qué será. Puede llegar a la conclusión de que todo es culpa suya. En pocas palabras, los sentimientos de culpabilidad pueden ser otra barrera formidable que impide el desarrollo de la autoestima del niño.

La mejor forma de manejar el problema de los sentimientos de culpabilidad es enfrentarse a ellos abiertamente, utilizándolos como una fuente de motivación para lograr un cambio, cuando éste sea necesario. El doctor William Glasser dijo, y estoy de acuerdo con su opinión, que la culpabilidad es una valiosa emoción que provee la energía para mejorar y crecer. Por eso sugiero a los padres que se sienten culpables que conversen uno con el otro y analicen su insatisfacción personal. Deben hacer una lista de las faltas que, como padres, hayan cometido y que más les preocupan. Entonces deben evaluar cada una de ellas respondiendo a las siguientes preguntas: ¿Es lógico que me sienta culpable? ¿Puedo hacer algo al respecto? Si es así, ¿cómo puedo hacerlo? Si no es así, ¿estará bien que olvide el asunto?

Recuerda, de nuevo, que ninguno de nosotros podemos ser padres perfectos, como tampoco podemos ser seres humanos perfectos. Nos cansamos y nos sentimos frustrados, desilusionados e irritados, lo cual afecta la forma en que tratamos al pequeñito que juega a nuestros pies. Pero afortunadamente, nos está permitido cometer muchos errores a través de los años, con tal de que el resultado total se acerque en algo a lo correcto.

(4) *Rivales por el amor de los padres.* Mi hijo apareció en la escena cuando su hermana tenía cinco años. Hasta ese momento no había ningún otro nieto o nieta y ella había recibido toda la atención de los adultos con que se puede colmar a un hijo. Entonces, de pronto su reino, en el que se sentía completamente segura, fue invadido por un gracioso bebé que ocupó el centro del escenario capturando la atención de todos, mientras ella miraba desde lejos con desconfianza. Un domingo por la tarde, cuando una semana después de nacer Ryan regresábamos de casa de sus abuelos en nuestro auto, de súbito nuestra hija dijo: «Papá, lo que voy a decir son palabras nada más, tú sabes que yo no tengo la intención de ser una niña mala, pero ¡a veces quisiera que Ryan no estuviera aquí!»

Con esas pocas palabras, Danae nos había dado un valioso indicio de cuáles eran sus sentimientos y de inmediato aprovechamos la oportunidad que nos había brindado. La hicimos sentarse en el asiento delantero del auto, para hablar con ella de lo que había dicho. Le dijimos que comprendíamos cómo se sentía y le aseguramos que la queríamos. También le explicamos que los bebés se encuentran totalmente indefensos y morirían si no se les cuidara, alimentara, vistiera, cambiara los pañales y amara. Le recordamos que a ella la habíamos cuidado de esa manera cuando era pequeñita y le explicamos que muy pronto también Ryan crecería. Además, en los meses siguientes tuvimos mucho cuidado de disminuir el peligro que amenazaba el lugar que ella ocupaba en nuestro corazón. Al darle más atención a sus sentimientos y a todo lo que contribuyese a sentirse segura, la relación entre ella y su hermano se convirtió en una relación de amistad y amor duraderos.

La admisión de Danae no es la manera en que típicamente reaccionan los niños. Lo más común es que no puedan o no quieran expresar la inseguridad que sienten con la llegada del rival recién nacido, lo cual obliga a sus padres a interpretar señales más sutiles. El síntoma más claro del síndrome: «Me han reemplazado», es el súbito regreso a la conducta infantil. Es evidente que «si uno tiene que ser bebé para que le presten atención, entonces volveré a serlo». Por lo tanto, el niño coge rabietas, moja la cama, se chupa el dedo, se agarra de la mamá y no quiere soltarla, habla como bebé, etcétera. En esta situación, el niño ha observado un peligro claro y que existe en ese momento y lo resuelve de la manera en que mejor sabe hacerlo.

Si tu primogénito parece sentirse como si hubiera dejado de ser tu hijo, te sugeriría que hagas lo siguiente:

(1) Primero, trata de lograr que él exprese sus sentimientos. Cuando un niño actúa de una manera tonta delante de los adultos, tratando de hacerlos reír o de llamarles la atención, es bueno tomarle en brazos y decirle: «¿Qué te pasa Juanito? ¿Necesitas que alguien te preste un poco de atención hoy?» Poco a poco, se le puede enseñar a un niño a usar palabras parecidas a estas cuando se siente rechazado y que diga: «Necesito un poco de atención, papá. ¿Quieres jugar conmigo?» Al ayudarle a expresar sus sentimientos, le ayudarás también a comprenderse mejor.

(2) No permitas que la conducta antisocial tenga éxito. Si el niño llora cuando llega la niñera, déjalo con ella de todas formas. Una rabieta puede ser recibida con una buena nalgada. Sin embargo, muéstrale poco enojo y disgusto, recuerda que todo el episodio está motivado por el temor que el niño siente de perder tu amor.

(3) Trata de satisfacer las necesidades de tu hijo de distintas formas en que le hagas sentirse más importante por ser el mayor. Llévalo al parque, dejando claro que el bebé es demasiado pequeño para ir; elógialo por las cosas

que él puede hacer, que el bebé no puede. Como por ejemplo, usar el baño en vez de sus pantalones. Permítele cuidar al bebé, para que así sienta que es parte del proceso familiar.

No es difícil darle amor a más de un niño a la vez, siempre que te entregues con toda tu mente y todo tu corazón, a la tarea de hacerlo.

En resumen, esta primera estrategia tiene que ver con examinar el contenido emocional de tu hogar. ¿Contribuye a fomentar la confianza en sí mismo o a deteriorar la autoestima? ¿Satisface las necesidades emocionales básicas o las deja insatisfechas y hambrientas? ¿Reserva el respeto y la admiración nada más para el superniño inteligente y hermoso o le otorga valor personal a cada persona sobre la faz de la tierra? ¿Afirma lo mejor de la vida o lo peor? Un día, cuando tu hijo haya crecido, mirará al pasado con enojo o con aprecio; ello dependerá de las respuestas dadas por ti a estas importantes preguntas.

Preguntas y respuestas

(1) *¿Qué cree acerca de las bromas de tono amistoso entre los miembros de la familia? ¿Es perjudicial que unos se burlen de otros?*

Las familias más sanas son aquellas en las que todos pueden reír juntos y ciertamente no creo que nuestros egos sean tan frágiles como para que todos tengamos que andar unos alrededor de los otros, con extremo cuidado. Sin embargo, hasta un chiste inocente puede causar dolor, cuando continuamente un niño es objeto de las burlas, sobre todo si se trata de un problema que le hace sentirse avergonzado, como orinarse en la cama, ser tartamudo o tener algún defecto físico notable. Los demás miembros de la familia deben ser muy cuidadosos en cuanto a lo que dicen en relación con esos problemas, a los cuales el niño es extremadamente sensible. Y en particular, uno no debe ridiculizar a un niño por su tamaño, tanto si es un niño demasiado bajo de estatura, como si es una niña demasiado alta. No hay nada cómico acerca de ello. El siguiente principio debe ser nuestra guía: Es prudente no tomarle el pelo a un niño en relación con características por las que también tiene que defenderse fuera del hogar. Y cuando él pida que una broma termine, se le debe complacer.

(2) *¿Debo hablar orgullosamente de mi hijo todo el día por cada cosa insignificante que haga? ¿No existe el peligro de que uno eche a perder a un niño, al decirle que todo lo que hace es maravilloso?*

Sí. La alabanza exagerada es innecesaria. El niño capta rápidamente nuestro juego verbal y entonces las palabras pierden su significado. Es útil distinguir la diferencia entre la *adulación y la alabanza*. La adulación es inmerecida. Es lo que dice la abuelita cuando viene de visita: «¡Ah, miren qué linda está mi nietecita! Te estás poniendo más bonita cada día. Estoy segura de que vas a tener que ahuyentar a los muchachos con un palo cuando seas una adolescente». O: «¡Caramba, qué niño tan inteligente eres!» Adulamos cuando uno colma de elogios a un niño por algo que no realizó.

Por otra parte, utilizamos la alabanza para estimular la conducta positiva y constructiva. Esta debe ser bien específica, en vez de general. No es suficiente decir: «Has sido un buen niño...» Es mejor decirle: «Me gusta cómo mantuviste arreglada tu habitación hoy». Siempre los padres deberían buscar oportunidades para brindarles a sus hijos elogios genuinos y bien merecidos y al mismo tiempo evitar la adulación vacía.

(3) *En nuestra casa vivimos en un «pánico rutinario». Tengo tres hijos menores de seis años y jamás puedo ponerme al día con mi trabajo. ¿Cómo puedo disminuir este ritmo tan acelerado cuando el cuidado de mis hijos me toma cada minuto del día y de la noche?*

Es posible que en la manera que gastas el dinero se encuentre una respuesta muy útil. La mayoría de las familias tienen una «lista de prioridades» de las cosas que quieren comprar cuando ahorren suficiente dinero con ese propósito. Hacen planes para el futuro en cuanto a volver a tapizar el sofá, poner una alfombra en el comedor o comprar un auto más nuevo del que tienen. Sin embargo, estoy convencido de que la ayuda doméstica para la madre de niños pequeños también debiera ocupar un lugar en esa lista de prioridades. Sin esa ayuda, ella está sentenciada a la misma clase de responsabilidades día tras día, los siete días de la semana. Durante varios años le resulta imposible escapar de la interminable carga de pañales sucios, narices que limpiar y platos que fregar. Creo que ella hará un trabajo más eficiente y será una mejor madre si de vez en cuando puede compartir su carga con otra persona. Para ser más categórico diré que mi opinión es que una vez por semana debería salir de la casa y hacer algo por el simple placer de hacerlo. Esto es más importante para la felicidad del hogar que comprar cortinas nuevas o una sierra eléctrica para papá.

¿Pero cómo pueden las familias de la clase media, darse el lujo de emplear a alguien que ayude con la limpieza de la casa y el cuidado de los niños, en estos tiempos de inflación? Puede lograrse muy bien utilizando los servicios de estudiantes de escuela secundaria que sean competentes, en lugar de adultos. Sugiero que llames a la oficina de asesoramiento de la escuela secundaria más cercana, si es que este servicio está disponible en tu ciudad. Dile al consejero que necesitas una muchacha madura, de tercer año, para que te ayude con el trabajo de limpieza en tu casa. No des a entender que buscas una empleada regular. Cuando la joven llegue ponla a prueba por un día y observa qué tal hace el trabajo. Si es muy eficiente, ofrécele empleo semanal. Si es lenta e inconstante, dale las gracias por haber venido y la semana siguiente llama solicitando que te envíen otra estudiante. Existen notables diferencias entre las muchachas de escuela secundaria según su madurez y finalmente encontrarás una que trabajará como una mujer adulta.

A propósito, si tu marido está ahorrando para comprarse una nueva sierra eléctrica, sería mejor que la primera vez eliminen de la lista de prioridades una de las cosas que tú quieres comprar. De cualquier forma, no le digas a él que yo te animé a hacerlo.

(4) *Estoy muy desilusionada con mi hijo de cuatro años, si sigue como va, será un fracaso como adulto. ¿Es posible «predecir», a esta temprana edad, el futuro carácter de un niño y los rasgos de su personalidad?*

Rene Voeltzel dijo: «No debemos buscar demasiado pronto en el niño la persona que más tarde llegará a ser». Es injusto y perjudicial juzgarlo demasiado pronto. Sé paciente y dale a tu pequeño el tiempo necesario para madurar. Ayúdale amablemente con los rasgos que más te preocupan, pero, por supuesto, concédele el privilegio de ser niño. No olvides que lo será por muy poco tiempo.

Estrategia #2
Reservar la adolescencia para los adolescentes

Desde hace algún tiempo, los fabricantes de juguetes y otros negociantes han tenido éxito en lograr cambiar la forma de jugar los niños. En lugar de que los niños y las niñas de tres y cuatro años de edad jueguen con animales de peluche, pelotas, automóviles, camiones, caballitos y todas las demás cosas típicas de la infancia, ahora están aprendiendo a dejar correr su imaginación acerca de la vida como adolescentes. La muñeca Barbie ha ejercido la mayor influencia sobre esta tendencia, ¡y estoy opuesto rotundamente a este concepto! No podría haber un método mejor para enseñar el culto a la belleza y al materialismo que el relacionado con la atractiva Barbie. Si intencionalmente tratáramos de instruir a nuestros niños sobre la necesidad de crecer siendo ricos y hermosos, no podríamos hacerlo mejor de lo que ya lo han hecho. ¿Has visto alguna vez una Barbie fea o que tenga la más mínima imperfección? ¡Por supuesto que no! Rebosa de feminidad y atracción sexual. Su cabello es grueso y reluciente, lleno de «cuerpo» (sea lo que sea que eso signifique). Sus piernas largas y delgadas, su busto curvilíneo y sus delicados pies son absolutamente perfectos. Su piel está libre de manchas (excepto un pequeño letrero en la parte de atrás que dice: «Made in Japan»). Jamás le salen granos ni espinillas y no se ve ni una gota de gordura en su cuerpo rosado. No es Barbie la única que pertenece al mundo de la gente hermosa, sino también sus amigos y compañeros. Ken, su divertido novio, es un adolescente mezcla de Arnold Schwarzennegger, Tom Cruise y Clark Kent (apacible reportero del *Daily Planet*). Estos modelos idealizados cargan una bomba de tiempo emocional activada para explotar, en el momento en que en la vida real una niña de trece años se mire detenidamente en el espejo. No hay ninguna duda: ¡ella no es una Barbie!

Sin embargo, no es la perfección física de estas muñecas (y sus muchas competidoras) lo que más me preocupa; los juegos de adolescentes que esas muñecas inspiran. causan un daño mucho mayor. Ken y Barbie salen juntos, aprenden a bailar, manejan autos deportivos, se broncean, van de excursión solos, intercambian votos matrimoniales y tienen bebés (es de esperarse que por lo menos ocurra en ese orden). Toda la cultura de los adolescentes con su énfasis en adquirir conocimientos sexuales es presentada a las niñas pequeñitas, que deberían pensar en cosas más apropiadas a la infancia. Esto coloca a nuestros hijos en una situación anormal en la cual probablemente llegarán a la cumbre del interés sexual varios años antes de lo debido, con todas las evidentes consecuencias que eso traerá para su salud social y emocional.

Pero no solamente enseñamos a nuestros hijos pequeños los valores de la adolescencia a través de sus juguetes, sino que también los golpeamos de otra manera muy efectiva. La televisión, particularmente los sábados por la mañana, está llena de trivialidades de la adolescencia. Programas al parecer inocentes, tales como las historietas de Archie y sus compañeros, sólo enfatizan la experiencia de los adolescentes. Cuando el niño llega a los seis años de edad, ha pasado miles de horas delante del televisor, aprendiendo los valores, las actitudes, la ropa, el comportamiento y la excitación de los días por venir. Astros y estrellas adolescentes son creados cuidadosamente y promovidos ante los niños, quienes responden volviéndose locos por ellos y escribiéndoles una infinidad de cartas. Todo esto explica, en parte, la tendencia de los muchachos y las muchachas a establecer noviazgos y a adquirir conocimientos sexuales a una edad cada vez más temprana.

Creo que lo mejor es posponer la experiencia adolescente hasta que sea impulsada por las alegres hormonas. Por lo tanto, recomiendo enfáticamente que los padres examinen las influencias a las cuales serán sometidos sus hijos y solamente les permitan participar en actividades apropiadas a sus edades. Y *todo* lo que les comunique el mensaje de que ellos tienen que ser hermosos y ricos debe ser visto con total desconfianza. Aunque no podemos aislar a nuestros pequeños niños del mundo, tal cual es, no debemos permitir que se conviertan en adolescentes sofisticados y modernos.

Preguntas y respuestas

(1) *¿Cree que a los niños de entre cinco y diez años de edad se les debe permitir escuchar música rock en la radio?*

No, si de una manera cortés se puede evitar que la escuchen. La música rock es una expresión de la cultura de los adolescentes. La letra de las canciones de los adolescentes tiene que ver con muchachas saliendo solas con muchachos, corazones destrozados, uso de las drogas y todo lo relacionado con el amor sexual. Y todo esto es precisamente en lo que no quieres que piense tu niño de siete años de edad. En cambio, su mundo de excitación debe consistir de libros de aventuras, producciones del tipo Walt Disney y actividades familiares tales como excursiones, pesca, competencias deportivas, juegos, etcétera.

Por otra parte, no es prudente una actitud dictatorial y opresiva en cuanto a este asunto. Sugiero que mantengas a tu hijo preadolescente tan ocupado con actividades sanas, que no necesite soñar con los días que vendrán.

(2) Usted ha mencionado algunos programas televisivos que son perjudiciales. ¿Cuál es su opinión de la televisión en general? ¿Deberían los padres tratar de controlar lo que ven sus hijos?

Estoy muy preocupado por el impacto de la televisión en nuestra sociedad y particularmente en nuestros jóvenes. Según el doctor Gerald Looney, de la Universidad de Arizona, cuando el promedio de los niños llega a los catorce años de edad, ¡habrá presenciado 18.000 asesinatos en la televisión e innumerables horas de otras formas de violencia y de verdaderas estupideces! Más aún, el doctor Saul Kapel dice que la actividad en la que los niños del mundo entero pasan más tiempo no es ni en la escuela ni en la interacción familiar, sino en estar frente al televisor. ¡En algunos casos absorbe hasta 14.000 horas valiosas del tiempo de la infancia! ¡Esto equivale a sentarse ocho horas diarias, durante casi cinco años, frente al televisor!

Hay otros aspectos de la televisión que exigen que esta se regule y controle. En primer lugar, es enemiga de la comunicación entre los miembros de la familia. ¿Cómo vamos a conversar unos con otros cuando una producción en colores, de varios millones de dólares, está atrayendo continuamente nuestra atención? También me preocupa la tendencia actual de los directores de televisión a sentirse obligados a incorporar todas las ideas modernas, a ir un poco más lejos, a utilizar cada vez un lenguaje más obsceno, hablar de situaciones que ni siquiera deberían mencionarse en la televisión, y ofender el buen gusto y la decencia del público. Al hacer esto, destrozan los fundamentos de la familia y todo lo que representa la ética cristiana. A diario, por ejemplo, son presentados en la televisión episodios que incluyen abortos, divorcios, relaciones sexuales fuera del matrimonio, violaciones y el tema siempre popular de: «Papá es un idiota». Si todo esto «está a tono con la realidad de nuestra sociedad», entonces sí que me siento morir por los mensajes que he recibido.

La actriz Sally Field fue entrevistada por Marilyn Beck en la edición del 9 de septiembre de 1973 del diario *Kansas City Star*. Lo siguiente son algunas de sus indiscretas opiniones acerca del que entonces era su nuevo programa de televisión: «Querían que representara el papel de una virgen de veintitrés años de edad, pero no pude cometer ese fraude. Eso es algo que no está a la altura de los tiempos...» Las objeciones de la señorita Field fueron respetadas por el productor y cambiaron el tema principal del programa haciéndolo más atrevido. «Por ejemplo», dijo ella, «en el primer programa de la serie nos verán a John y a mí en nuestra primera cita. Me trae de regreso a mi apartamento y antes que llegue a hacerme la pregunta, le digo que sé lo que está pensando y que no puede subir conmigo. Pero le explico que la razón por la cual no puede subir es porque mi compañera de habitación está en el apartamento. En otras palabras, quiero que los televidentes se den cuenta de que este es un personaje con verdaderas emociones. No está rechazando a su pareja porque es una de esas mujeres anticuadas que siempre dicen "no". Se siente tan tentada como él y que le gusta mucho, pero tendrán que esperar por un poco de tiempo».

Mi reacción a esta clase de acontecimiento que supuestamente «está a tono con la realidad de nuestra sociedad», sólo puede ser descrita como una de completo disgusto. ¿Captaste la tierna escena? La mundana Sally y su hambriento enamorado habían salido juntos por *primera* vez y sin embargo necesitó una excusa (el dormitorio estaba ocupado) para posponer «por un poco de tiempo» las relaciones sexuales con él. Bendito sea su sensible corazón, no quería que John pensara que ella era una de esas mujeres anticuadas que siempre dicen «no». Eso habría sido algo inconcebible. Me imagino que John no tendrá que esperar mucho para tener contacto con las «verdaderas emociones» de Sally. Tal vez varios millones de adolescentes susceptibles habrán visto ese programa y cada uno de ellos habrá comparado sus costumbres con las de la modernísima señorita Sally Field. ¡Con gran satisfacción puedo decir que en mi hogar nadie fue parte de esos televidentes!

La televisión posee una capacidad incomparable para enseñar y edificar, y hay distintos programas de calidad que así lo comprueban. Por lo tanto, yo no recomendaría hacer pedazos el televisor en un acto de desesperación. Más bien, debemos aprender a controlarlo, en vez de convertirnos en sus esclavos. Cuando eran niños, mi esposa y yo les permitíamos a nuestros hijos que vieran una hora de dibujos animados los sábados por la mañana y un programa de media hora todas las tardes, seleccionado de una lista de programas aprobados con anterioridad. Por medio de una supervisión cuidadosa podemos disfrutar de los beneficios que ofrece la televisión, sin permitirle que domine nuestras vidas.

Opino que la madre que, por su propia conveniencia, pone frente al televisor a su hijo de edad escolar, ¡comete un error de consecuencias irreparables!

Estrategia #3
Enseñar a nuestros hijos a no practicar la autocrítica

Una de las características más evidentes de la persona que se siente inferior es que habla de sus deficiencias con cualquiera que esté dispuesto a escucharle. La persona gorda se siente obligada a excusarse con sus compañeros por pedir en la heladería que le sirvan un helado con crema de chocolate y nueces. Se hace eco de lo que se imagina que piensan ellos: «Estoy suficientemente gordo sin comerme esto», les dice, mientras se pone en la boca una cucharada del sabroso helado. De la misma manera, una mujer que piensa que es tonta, admitirá francamente: «Soy muy mala en matemáticas; apenas sé sumar dos más dos». Este tipo de autocrítica no es tan extraño como pudiéramos pensar. Preste atención a todo lo que diga durante las próximas semanas. Es posible que se sorprenda al ver la cantidad de veces que menciona sus propias faltas ante sus amigos.

Aunque no existe ninguna virtud en mostrar una imagen falsa de uno mismo, pretendiendo ser lo que no somos, creo que irse al otro extremo es también un error. Mientras divulgamos todas nuestras ridículas insuficiencias, la persona que nos escucha se va formando su impresión de nosotros. Más tarde nos «verá» y nos tratará de acuerdo con la evidencia que le hayamos suministrado. Después de todo, cada uno de nosotros somos los expertos sobre los detalles relacionados con nuestra propia persona. Además, habiendo expresado verbalmente nuestros sentimientos, estos se afirman como una realidad en nuestras mentes.

Por lo tanto, debemos enseñar a nuestros hijos a no practicar la autocrítica. Deben saber que la continua crítica de uno mismo puede convertirse en una mala costumbre, que no produce ningún resultado positivo. Hay una gran diferencia entre aceptar una crítica o censura, cuando la misma está bien fundada, y simplemente divulgar nuestros sentimientos de inferioridad. Para nuestros hijos esta pudiera ser una distinción difícil de hacer; pero podemos recibir mucha ayuda, en este sentido, por medio de la tira cómica *Peanuts*, que se publica en los Estados Unidos. Charlie Brown, el personaje principal, tiene sentimientos de inferioridad tan profundos, que expresa su preocupación en alta voz a todos sus amigos. Lucy, su novia, lo aplasta con la información que él mismo le dio.

Charles Schulz, el creador de *Peanuts* («Carlitos») ha mostrado recordar muy bien su infancia. La razón del formidable éxito de su tira cómica es que se basa en sus recuerdos de momentos de humillación en la escuela, terribles *meteduras de pata* y sentimientos de fracaso. Nos causa risa porque nos toca a todos muy de cerca en un punto vulnerable. Todos hemos estado en el pellejo de Charlie Brown. Me acuerdo de una vez, cuando estaba en tercer grado, teníamos un partido de béisbol muy reñido y yo era el jardinero izquierdo. Con cuánta claridad recuerdo ese negro día de mi vida. Willie Mays estaba al bate y pegó una simple pelota bateada al aire. Lo único que yo tenía que hacer era agarrarla. Pero allí, delante de una enorme cantidad de fanáticos de béisbol, la mayoría muchachas, dejé que la pelota se me escapara de entre los dedos. En realidad, me golpeó el pulgar en su camino al terreno. Todavía puedo oír el ruido de los pies de cuatro corredores dirigiéndose hacia el *home*. Desesperado, agarré la pelota y se la lancé al árbitro, quien se hizo a un lado y la dejó que rodara por el terreno hasta, por lo menos, una cuadra de distancia. La mitad de los hostiles fanáticos dieron gritos de indignación y censura, la otra mitad dio gritos

de alegría. Me desangré y morí esa tarde en el campo de béisbol. Fue un funeral muy solitario; yo fui el único doliente. Después de pensarlo bien, en los días que siguieron, renuncié al béisbol y desde entonces lo he jugado muy pocas veces. He disfrutado jugando baloncesto y tenis; también he participado en carreras atléticas y otras actividades deportivas, pero desde esa tarde el béisbol y yo nos dijimos adiós. Charlie Brown, quien también se toma demasiado en serio, probablemente consideraría hacer lo que yo hice. Y, por supuesto, debe guardarse para sí mismo sus «fracasos». Si cerrara su bocaza, es posible que las personas ni se darían cuenta, porque de todos modos están pensando, como todos sabemos, en sí mismas.

Preguntas y respuestas

(1) *¿Qué es lo que la mayoría de las veces no les gusta a los adolescentes acerca de sí mismos?*

En un importante estudio realizado por E.A. Douvan, titulado: *Adolescent Girls* [Muchachas adolescentes], se hizo la siguiente pregunta a casi dos mil muchachas de edades entre once y dieciocho años: «Si pudieras, ¿qué es lo que más te gustaría cambiar acerca de tu persona: tu aspecto, tu personalidad o tu vida?» Cincuenta y nueve por ciento mencionó algún detalle relacionado con su aspecto físico. (Sólo cuatro por ciento expresó un deseo de poseer mayores habilidades.) La mayor insatisfacción, expresada tanto por los muchachos como por las muchachas, tenía que ver con defectos faciales, principalmente problemas de la piel. En un estudio posterior, realizado por H.V. Cobb, se les pidió a niños en los grados escolares del cuarto al doce que completaran la frase: «Quisiera ser...» La mayoría de los muchachos dijeron: «más alto» y las muchachas respondieron: «más baja». Ciertamente hay una enorme cantidad de evidencia científica, que prueba la preocupación y la insatisfacción que los niños tienen con sus características físicas.

(2) *Frecuentemente mi hijo es ridiculizado y ofendido por otros niños de nuestro vecindario y no sé cómo manejar la situación. Cuando eso ocurre se siente muy deprimido y viene a la casa llorando. ¿Cómo debo reaccionar cuando esto sucede?*

Cuando tu hijo ha sido rechazado de esa manera, él tiene mucha necesidad de un amigo o amiga y tú eres la elegida. Déjalo hablar. No trates de decirle que lo que le ha sucedido no duele o que es tonto ser tan sensible. Pregúntale si sabe qué es lo que a sus «amigos» no les gusta de él. (Es posible que él esté provocando la reacción de ellos debido a que tiene una actitud dominante, actúa egoístamente o no es sincero.) Sé compasiva y amable, sin que los dos se pongan a llorar en mutua desesperación. Tan pronto como sea conveniente, participa con él en algún juego u otra actividad que le guste. Y finalmente, haz lo posible por resolver la causa fundamental del problema.

Quiero sugerirte que le digas a tu hijo que invite a alguno de sus amigos de la escuela a ir al zoológico con él un sábado (o le ofrezca otro «cebo» igualmente atractivo) y pasar luego la noche en su casa. A veces, las amistades verdaderas comienzan de esa manera. Hasta los niños hostiles del vecindario podrían volverse más amables después de invitarlos uno por uno a la casa. De esta manera no sólo podrás ayudar a tu hijo a hacer amigos, sino que también podrás observar los errores que él comete y que provocan que lo rechacen. La información que obtengas puede ser utilizada más tarde para ayudarle a mejorar su relación con los demás.

(3) *A mi hija de diez años de edad no le gusta usar una trenza porque sus amigas no se arreglan el cabello de esa manera. Siempre me han encantado las trenzas, desde que era niña. ¿Cometo un error al obligarla a agradarme arreglándose el cabello como a mí me gusta?*

Sí, sobre todo si innecesariamente tu hija se siente distinta y tonta delante de sus amigas. La presión social sobre los que no se adaptan fácilmente a hacer las cosas como los demás es muy fuerte y no debes colocar a tu hija en esa incómoda posición. La intimidad entre padres e hijos es resultado de que estos últimos sepan que sus padres comprenden y aprecian sus sentimientos. Tu inflexibilidad en cuanto a este asunto revela una falta de comprensión que más tarde puede producir resentimiento.

Estrategia #4

Ayudar a nuestro hijo a compensar

Vayamos ahora a lo esencial del problema. Algunos niños tienen desventajas mucho más grandes que otros y casi están destinados a tener problemas emocionales durante su adolescencia. Sus inquietos padres ven venir esos problemas como el comienzo de una tormenta, incluso antes que empiecen a ir a la escuela. Tal vez el niño es demasiado feo o padece de un serio problema de aprendizaje. Sea cual fuere la causa, todo el mundo se da cuenta de que será golpeado duramente por la vida. ¿Qué deben hacer los padres para prepararlo a enfrentarse con un mundo hostil?

En primer lugar, tenemos que ser realistas. No existen soluciones fáciles que eliminen el conflicto, a no ser que cambiemos los valores de toda una sociedad. En otros libros, en los que se trata el tema de la autoestima, se afirma de manera ingenua, que todo lo que un niño necesita para desarrollar confianza en sí mismo es que los padres le demuestren amor todos los días. Quisiera que eso fuera cierto, pero en realidad la imagen que el niño se forme de sí mismo es producto de dos factores importantes: (1) la calidad de la vida en su hogar; y (2) sus experiencias sociales fuera del hogar. La primera de estas fuerzas es más fácil de controlar que la segunda. No existe ningún tipo de coraza emocional que proteja a tu hijo de los efectos del rechazo y del ridículo que experimentará en sus contactos sociales. Siempre sentirá dolor al ser objeto de la risa, los desaires o el ataque de los demás. Pero quiero recordarte que la personalidad humana se desarrolla por medio de las pequeñas adversidades, *siempre y cuando no sea aplastada en el proceso*. Contrario a lo que tal vez pudiéramos pensar, el ambiente ideal para nuestros hijos no es uno libre de pruebas y problemas. Aun si pudiera hacerlo, yo no removería todos los obstáculos que se atravesaran en el camino de mis hijos, para que felizmente caminaran por él. Ellos tienen derecho a enfrentarse con los problemas y a sacar provecho cuando los enfrenten.

He podido comprobar, por experiencia propia, el valor que tienen las pequeñas tensiones en nuestras vidas. Yo tuve una niñez extremadamente feliz y sin preocupaciones. Fui amado, sin lugar a dudas y mi rendimiento en la escuela siempre fue satisfactorio. En realidad, hasta el momento he disfrutado de felicidad y satisfacción durante toda mi vida, a excepción de dos años que fueron bastante dolorosos. Viví esos días difíciles, a los trece y catorce años, mientras estaba en séptimo y octavo grados. Durante ese período de mi vida experimenté algo así como que la sociedad me atacaba por todos lados, situación que provocó la misma clase de sentimientos intensos de inferioridad y de falta de confianza en mí mismo que he descrito anteriormente. Por raro que parezca, esos dos años contribuyeron más a la formación de los rasgos positivos de mi personalidad, que cualquier otro período de mi vida. Mi compenetración con los demás, mi deseo de triunfar en la vida, mi motivación cuando cursaba mis estudios superiores, mi entendimiento de los sentimientos de inferioridad y mi destreza para comunicarme con los adolescentes, son principalmente el producto de una adolescencia agitada. ¿Quién hubiera pensado que algo útil podía surgir de esos veinticuatro meses? Sin embargo, en este caso en particular, el dolor fue un valioso maestro.

Aunque no es fácil aceptar esta realidad en el momento de la experiencia, los niños necesitan los pequeños contratiempos que encontrarán en su camino. ¿Cómo pueden aprender a salir adelante, a pesar de los problemas y de las frustraciones, si en sus primeros años carecieron de aflicciones? Un árbol en una selva tropical, no se ve obligado a echar raíces profundas en busca de agua; por consiguiente, no está bien afianzado y una pequeña tormenta puede derribarlo. Pero un árbol mezquite que se encuentra en el desierto, está amenazado por un ambiente hostil y sólo puede sobrevivir al echar sus raíces a más de diez metros de profundidad, en busca de agua. Por medio de su adaptación a la tierra árida, este árbol está bien arraigado y se ha vuelto resistente a todos sus agresores. Esta ilustración se aplica también a nuestros hijos: los que aprendieron a superar sus problemas están más firmes que los que nunca tuvieron que enfrentarlos. Por lo tanto, nuestra tarea como padres, no consiste en eliminar todos los obstáculos que nuestros hijos encuentren en su camino, sino actuar como aliados suyos, estimulándolos cuando estén deprimidos, interviniendo cuando las amenazas sean abrumadoras y, sobre todo, proporcionándoles los instrumentos que les permitan superar las dificultades.

Uno de esos instrumentos vitales es la *compensación*. Esto significa que la persona neutraliza sus debilidades al sacar provecho de sus puntos fuertes. Nuestra tarea como padres es ayudar a nuestros hijos a que encuentren esos puntos fuertes y aprendan a sacar provecho de ellos, para que disfruten de toda la satisfacción que experimentarán al hacerlo. Y esto nos conduce a un tema muy importante, que necesitamos comprender: los sentimientos de inferioridad pueden aplastar y paralizar a una persona o pueden proporcionarle una tremenda energía emocional que le impulsará a lograr toda clase de éxitos. ¿De dónde crees que Bobby Fisher, el ex campeón mundial de ajedrez, sacó el entusiasmo y la ambición para leer acerca del ajedrez, jugar al ajedrez, pensar en el ajedrez y soñar con él las veinticuatro horas del día? Hace algún tiempo le hicieron esa pregunta en un programa de televisión y él respondió: «Fue porque, cuando era niño, algunas personas creían que tal vez yo no era tan capaz como ellas».

¿De dónde crees que Thomas Wolfe, el famoso escritor, sacó la energía y el fervor para sentarse a la máquina de escribir durante dieciocho a veinte horas diarias, a veces por varios meses? ¿Qué es lo que empuja a un corredor de largas distancias a correr más de cuarenta kilómetros todas las mañanas, a lo largo de una playa solitaria, antes que salga el sol? ¿Qué necesidad interna impulsa a un estudiante a enfrentarse a todas las exigencias de la facultad de medicina, exigiéndose a sí mismo el mayor esfuerzo posible, durante cuatro años de disciplina mental? El poder que se encuentra detrás de éstos y de otros éxitos, casi siempre surge de la necesidad que tenemos de sentirnos valiosos, de comprobar que somos capaces, ¡de la necesidad de *compensar* nuestras deficiencias!

¿Se derrumbará nuestro hijo bajo el peso de los sentimientos de inferioridad o los utilizará como una fuerza para tener iniciativa y empuje? Probablemente, la respuesta dependerá de las habilidades compensatorias que él tenga. Y, lo repito, es obligación de los padres ayudarle a encontrarlas. Quizás el niño tenga un don para la música, como le ocurre a muchos niños. Tal vez pueda desarrollar su talento artístico o aprenda a escribir, o se dedique a la mecánica, al aeromodelismo o a criar conejos como entretenimiento y negocio. Sin tener en cuenta lo que él escoja, lo más importante es que comience a andar por ese camino a temprana edad. No hay nada más peligroso que enviar a un joven o a una jovencita, a enfrentarse a las tormentas de la adolescencia, sin experiencia, sin conocimientos especiales y sin medios para compensar sus deficiencias. Cuando esto sucede su ego se encuentra completamente desnudo. No puede decir: «Tal vez no seré el estudiante más popular de la escuela, ¡pero soy el mejor trompetista de la banda!» Su única fuente para formarse un buen concepto de sí mismo, procede de la aceptación de otros estudiantes y todo el mundo sabe que el amor de ellos es inconstante.

¿Es la compensación una opción adecuada solamente para los niños que tienen algún talento especial? Por supuesto que no. Siempre hay algo que puede satisfacer emocionalmente a casi todas las personas y lo único que necesitan hacer es encontrarlo. Vi este proceso en acción, aun entre personas de escasas habilidades, cuando trabajé en el Hospital Pacific State para Retrasados Mentales, en Pomona, California. Todas las tardes, por ejemplo, escuchaba el estruendo de un concierto de trombón, cuyo sonido provenía de la ladera de una montaña cercana. No tenía idea de quién sería responsable de aquellas serenatas.

Pero un día, mientras caminaba por los terrenos del hospital, se me acercó corriendo un joven paciente, que tenía unos diecisiete años de edad y me dijo: «¡Hola! Me llamo James Walter Jackson (no era su verdadero nombre) y soy el tipo que toca el trombón. Necesito su ayuda para enviarle un mensaje a Santa Claus, porque me hace falta un nuevo trombón. El que tengo ya no sirve y quiero uno completamente nuevo, con la funda forrada de terciopelo rojo. ¿Quiere decírselo a él?»

Me quedé algo desconcertado, pero le prometí que haría lo posible por complacerle. Esa tarde, mientras hablaba de James Walter Jackson con otro miembro del personal del hospital, me puso al tanto de algunos de los antecedente relacionados con el mensaje a Santa Claus. El año anterior este paciente les había dicho a varias personas que quería que Santa Claus le trajera un trombón. Uno de los empleados del hospital tenía un viejo instrumento en el garaje de su casa, que ya casi había dejado de ser útil, así que el día de Navidad por la mañana, se lo regalaron a James Walter Jackson en nombre de Santa Claus.

Por supuesto, James se puso muy contento, pero estaba un poco desilusionado porque el trombón no se veía en muy buenas condiciones. Así que pensó que no había sido suficientemente específico en su anterior mensaje a Santa Claus y decidió ser más claro en su pedido del año siguiente. Así fue que comenzó una campaña de un año de duración con el fin de que en el Polo Norte supieran exactamente lo que él quería para

Navidad. Detenía a todas las personas con las que se encontraba en la calle y les explicaba muy claramente lo que debían decirle a Santa Claus.

Poco después de aquella conversación, vi a James Walter Jackson por última vez. Salía de los terrenos del hospital en mi automóvil, cuando lo percibí en el espejo retrovisor. Iba corriendo por el camino, detrás de mi automóvil, haciéndome señas para que me detuviera. Me acerqué a la acera y esperé a que él se acercara; cuando lo hizo, metió la cabeza por la ventanilla que estaba abierta y respirando con dificultad me dijo: «¡No se olvide de decirle que quiero un trombón de buena calidad!» Espero que alguien le haya comprado a James Walter Jackson lo que tanto anhelaba. Su habilidad para compensar dependía de ello.

Sin lugar a dudas, el campo en donde los adolescentes pueden encontrar gran satisfacción es en los deportes. Por mucho tiempo ha sido así para los varones y ahora está comenzando a serlo también para las muchachas. Hablando otra vez de la tira cómica de Charlie Brown, ¿qué fue lo que le confesó a Lucy? Quería «ser un tipo realmente atlético y que todo el mundo le llamara "Flash"». Charlie no es el único niño que ha tenido ese sueño. En un estudio realizado por James S. Coleman, en diez escuelas secundarias del norte del Estado de Illinois, en los Estados Unidos, se les pidió a los estudiantes que indicaran los valores que eran de mayor importancia para ellos. Para las muchachas, la belleza superó a cualquier otro factor. Para los muchachos, la habilidad atlética ocupó el primer lugar (que es, precisamente, otra dimensión de factores físicos; en otras palabras, el tamaño, la fuerza, la coordinación y la velocidad no pueden separarse de los factores físicos). Como era de esperar, el éxito en la escuela ocupó un lugar muy bajo en la jerarquía de valores, tanto de los niños como de las niñas.

Debido a la importancia que los atletas han adquirido hoy en día en las escuelas secundarias, creo que esta vía de compensación debería ser explorada, sobre todo por los padres de muchachos que son catalogados como de «alto riesgo». Si un niño posee una capacidad adecuada de coordinación, puede aprender a jugar baloncesto, fútbol, tenis, golf o practicar atletismo. He visto a algunos adolescentes, comunes y corrientes, que fueron respetados por ayudar a que su escuela ganara un campeonato. Como lo dije antes, la clave para que un joven logre la excelencia deportiva es que empiece a ejercitarse a temprana edad. No vacilemos en que nuestros hijos de ocho años de edad reciban instrucción para aprender a tocar el piano; ¿por qué no empezar a enseñarles también a esa edad a jugar baloncesto?

Esto presenta un tema de controversia. Muchos padres opinan que no tienen el derecho de obligar a sus hijos a hacer una elección de este tipo. Se conforman con esperar a que ellos la hagan por sí mismos algún día. Sin embargo, la mayoría de los niños son muy indisciplinados. Siempre es difícil adquirir una nueva habilidad, especialmente durante las etapas iniciales. Fracasar por completo no es divertido y eso es lo que al principio el niño siente que le está sucediendo. Por ese motivo, nunca adquiere esas importantes habilidades que tanto necesitará el día de mañana. Recomiendo a los padres que hagan una evaluación cuidadosa de los puntos fuertes de sus hijos. Después seleccionen la habilidad que crean que ofrece las mayores posibilidades de éxito y una vez hecha la elección comprueben que el niño empiece a ejercitarla. Recompénselo, empújenlo, amenácenlo, ruéguenle, sobórnenlo, si fuera necesario, pero traten que desarrolle su habilidad. Si más adelante descubren que se equivocaron en la decisión, retrocedan y comiencen con algo nuevo. ¡Pero no permitan que la inercia les impida enseñarle algo emocionalmente útil a sus hijos! ¿Atenta esta forma de presión contra la libertad del niño de escoger por sí mismo? Tal vez, pero lo mismo ocurre cuando se le obliga a alimentarse como es debido, a mantenerse limpio y a acostarse a dormir a una hora razonable. Todo es para su propio beneficio.

Cuando cumplí ocho años de edad, mi padre decidió que me enseñaría a jugar tenis. La decisión no me entusiasmó en lo más mínimo, pues significaba que tendría que esforzarme mucho. Mi padre no perdía tiempo cuando decidía enseñarme algo. Yo sabía muy bien que aquello significaba práctica, sudor y ampollas. Hubiera preferido jugar a los vaqueros y los indios con mis amiguitos del vecindario. Pero mi padre quería que jugara tenis y yo lo respetaba mucho para negarme a hacerlo. Así que pasamos muchos sábados extenuantes en las canchas de tenis. Me lanzaba una pelota y yo le pegaba haciéndola pasar por encima de la cerca y luego tenía que ir a buscarla. No hubiera podido sentirme menos motivado de lo que me sentía, pero pretendía estar entusiasmado. «¿Te parece que mejoro, papá?», le preguntaba, al mismo tiempo que enviaba otra pelota sin dirección alguna.

Sin embargo, aproximadamente un mes después, las cosas empezaron a salir bien. Comencé a sentirme satisfecho cuando le pegaba bien a la pelota. Una tarde, un muchacho de mi edad se me acercó y me preguntó si quería jugar con él. Nunca se me había ocurrido tal cosa, pero pensé que no había ninguna razón para no hacerlo. Así que jugamos una partida de tenis y le gané; ¡y eso me gustó mucho! Poco a poco me di cuenta de lo que aquel juego habría de brindarme. La chispa del entusiasmo se convirtió en una llama que aún hoy se mantiene encendida. A lo largo de mis años de secundaria y de universidad fue mi fuente de confianza en mí mismo. Si durante los difíciles años de la adolescencia me hubieran pedido que escribiera respondiendo a la pregunta: «¿Quién soy yo?», habría comenzado diciendo: «Soy el jugador de tenis número uno de la escuela secundaria». Si mi padre no me hubiera empujado para que tratara de aprender algo nuevo, nunca habría sabido lo que me había perdido. Le estoy muy agradecido por haberme ayudado a compensar mis limitaciones. ¿Has hecho tú lo mismo por tus hijos? *Dicho en pocas palabras: la compensación es la mejor arma que pueden utilizar nuestros hijos para combatir los sentimientos de inferioridad.*

Preguntas y respuestas

(1) Mi hijo de quince años de edad es amigo de la naturaleza hasta los tuétanos. Su habitación está llena de serpientes enjauladas, panales de avispas, plantas e insectos. Hasta el garaje está lleno de distintos animales que capturó y domesticó. Odio toda esa asquerosidad y quisiera que él se interesara en otras cosas. ¿Qué debo hacer?

Si mantiene su zoológico limpio y bien ordenado, debes permitirle hacer lo que le interesa. Recuerda que a los quince años de edad es mucho mejor tener como pasatiempo a los insectos que a las drogas.

(2) Mi hijo es un excelente gimnasta. Su entrenador en la escuela secundaria dice que tiene más capacidades naturales que cualquier otro que jamás haya visto. Sin embargo, cuando participa en un encuentro de competencia, ¡es un desastre! ¿Por qué fracasa en los momentos más importantes?

Si tu hijo piensa que es un fracasado, probablemente su actuación va a estar de acuerdo con la imagen inferior que tiene de sí mismo, cuando llegue el momento de la prueba. Ocurre lo mismo con muchos jugadores profesionales de golf que son excelentes, los cuales hacen suficiente dinero en juegos de torneo, como para vivir bastante bien, pero nunca ganan una competencia. Continuamente quedan en segundo, tercero, sexto o décimo lugar. Cada vez que pudiera ser que llegasen a terminar en primer lugar, se «*estancan*» en el último minuto y dejan que sea otro el que gane. No es que quieran fallar; más bien es que no se «*ven*» a sí mismos como ganadores y su actuación sólo refleja esta imagen.

En una ocasión hablé con una pianista de concierto, que tiene un talento excepcional, pero ha decidido no volver a tocar en público. Ella sabe muy bien que ha sido bendecida con un talento extraordinario, pero cree que es una fracasada en todos los demás aspectos de la vida. Por lo tanto, cuando toca el piano en público sus equivocaciones la hacen parecer una principiante. Cada vez que ha tenido esta experiencia humillante, ha quedado más convencida de su falta de mérito en *todas* las esferas de actividad en su vida. Se ha encerrado ahora en el mundo apartado, quieto y falto de talento de los que se encuentran derrotados.

No cabe la menor duda: la falta de confianza en sí mismo puede inmovilizar por completo a una persona que tiene talento, simplemente por temor al fracaso.

(3) ¿Ocurre lo mismo también con la capacidad mental? Mi hijo de doce años de edad tenía que recitar un poema en una fiesta en la escuela y se le olvidó completamente cuando estaba delante del público. Sé que lo sabía perfectamente, porque en casa lo había dicho docenas de veces. Él es un niño inteligente, pero ha tenido este mismo problema en otras ocasiones anteriores. ¿Por qué su mente «se desconecta» cuando está bajo presión?

Te sería de mucha ayuda comprender una importante característica del funcionamiento de nuestras facultades intelectuales. La confianza en sí mismo que tu hijo tenga o la falta de ella, en realidad afecta la forma en que funciona su cerebro. Todos nosotros hemos experimentado la frustración causada por el «bloqueo» mental. Esto sucede cuando un nombre o un acontecimiento o una idea no llegan al nivel de la mente consciente, aun cuando sabemos que está grabado en la memoria. O, supongamos que tenemos que hablarle a un grupo antagónico y de pronto nuestra mente se queda en blanco. Por lo general, esta clase de bloqueo ocurre: (1) cuando la presión social es enorme y (2) cuando la confianza en sí mismo es poca. ¿Por qué? Porque *las emociones afectan la eficiencia del cerebro humano.* A diferencia de una computadora, nuestro cerebro sólo funciona de una manera adecuada cuando existe un delicado equilibrio bioquímico entre las células neurales. Esta sustancia hace posible que una célula «dispare» a otra su carga electroquímica a través de la separación (sinapsis) que existe entre ellas. Se sabe ahora que una súbita reacción emocional puede cambiar instantáneamente la naturaleza de esa condición bioquímica, lo cual bloquea el impulso. Este bloqueo impide la transmisión de la carga eléctrica y nunca se produce el pensamiento. Este mecanismo tiene profundas consecuencias en relación con la conducta del ser humano; por ejemplo, un niño que se siente inferior e intelectualmente incapacitado, por lo general ni siquiera hace uso de las facultades mentales con que ha sido dotado. Su falta de confianza produce una interferencia mental trastornadora y estas dos forman un ciclo interminable de derrotas. Esto es, evidentemente, lo que le sucedió a tu hijo cuando se «olvidó» del poema.

(4) *¿Qué puedo hacer para ayudarlo?*

En realidad, no es algo raro que un niño de doce años se quede sin poder hablar frente a una multitud. En una ocasión, me encontré frente a trescientos compañeros adolescentes, con las palabras trabadas en mi garganta y mi mente de vacaciones. Fue una experiencia dolorosa, pero gradualmente el tiempo borró su impacto. A medida que tu hijo madure, probablemente superará el problema, si puede tener algunas experiencias en las que logre alcanzar el éxito y le impartan confianza en sí mismo. Cualquier cosa que eleve la autoestima, reducirá la frecuencia de los bloqueos mentales, tanto en los niños como en los adultos.

Estrategia #5
Ayudar a nuestro hijo a competir

El padre o la madre que, como yo, se opone con firmeza a la importancia que lamentablemente se le atribuye a la belleza y a la inteligencia, tiene que resolver un difícil problema filosófico en relación con sus propios hijos. Aunque reconoce la injusticia de este sistema de valores, sabe que su hijo está obligado a competir en un mundo donde se rinde culto a esos atributos. Entonces, ¿qué debe hacer? ¿Debe ayudar a su hijo para que llegue a ser lo más atractivo posible? ¿Debe animar a su hijo «promedio» a sobresalir en la escuela? ¿O, sería prudente que en el hogar le reste importancia a estos valores, esperando que el niño aprenda a vivir con sus desventajas?

No existen respuestas científicas a estas preguntas. Sólo puedo dar mi opinión personal, después de considerar detenidamente el problema. A pesar de la injusticia de este sistema, mi hijo no podrá cambiarlo. Tengo la obligación de ayudarle a competir en este mundo lo mejor que pueda. Si sus orejas sobresalen, procuraré que se las arreglen. Si sus dientes están torcidos, haré que se los enderecen. Si tiene dificultades en la escuela, buscaré un maestro particular que le ayude a salir adelante. Él y yo somos aliados en esta lucha por la supervivencia y no voy a hacerme el sordo ante sus necesidades.

Rick Barry, quien en tiempos pasados fue una figura destacada del baloncesto profesional, es un hombre alto, bien parecido y saludable. Sin embargo, cuando era niño fue objeto de humillaciones y se sentía tan cohibido por causa de sus dientes, que cuando hablaba se tapaba la boca con la mano. Permítame leer lo que él dijo en su libro *Confessions of a Basketball Gypsy* [Confesiones de un jugador gitano de baloncesto]:

Cuando me salieron los dientes de la segunda dentición, salieron torcidos y me faltaban dos en la parte del frente. Quizás mis padres no tenían bastante dinero para pagarle a un dentista para que me los arreglara o tal vez arreglarse los dientes no era tan importante entonces como lo es ahora. Recuerdo haber hablado con mi padre acerca de que me pusieran dientes postizos en la parte de adelante y usar un aparato de ortodoncia, que hubiera podido cortarme las encías cuando jugaba baloncesto. De todos modos, no me arreglaron los dientes hasta que estuve en la universidad. Yo era muy susceptible al problema de mis dientes. Me sentía avergonzado de mirarme en el espejo. Acostumbraba mantener mi boca cerrada y nunca sonreía. Cuando hablaba me tapaba la boca con la mano, lo cual hacía que fuera difícil que los demás entendieran lo que les decía. Por años no pude librarme de ese hábito.

Hoy día, ¿qué aflicción parecida a esta experimenta tu hijo en silencio? ¿No es nuestra obligación, dentro de los límites de los recursos económicos de cada uno, erradicar los defectos que hacen sentirse más avergonzados a nuestros hijos? Creo que sí lo es y debemos realizar esa tarea a temprana edad. El doctor Edward Podolsky, supervisor asistente de siquiatría del Kings County Hospital, en la ciudad de Nueva York, opina que las deformidades físicas deben ser corregidas antes que el niño entre al primer grado escolar. Después de ese tiempo, sus compañeros comenzarán a ser muy cuidadosos en cuanto y a dañar su autoestima.

Pero los padres tenemos que ser muy cuidadosos en cuanto a esto. Al mismo tiempo que ayudamos a nuestros hijos para que compitan en el mundo, tal cual es, también debemos enseñarles que sus valores son temporales e indignos. Explicar los dos lados contradictorios de esta moneda requiere de mucho tacto y habilidad. ¿Cómo puedo insistir en que mi hija se arregle bien el cabello y después decirle: «La belleza no tiene importancia»? La clave es comenzar a enseñarles a los niños, desde muy temprana edad, los *verdaderos* valores de la vida, que son: el amor a toda la humanidad, la bondad, la integridad, la fidelidad, la sinceridad y la devoción a Dios. Después debemos describir el atractivo físico como parte de un juego social que tenemos que jugar. Como el mundo es el terreno de juego, no podemos pasar por alto, totalmente, las reglas del juego. Pero ya sea que obtengamos un triunfo o una derrota, podemos sentirnos alentados al saber que, en sí mismo, el juego no es tan importante. Esta es el ancla en la que el niño puede mantenerse firme.

Preguntas y respuestas

(1) Mi hija de trece años de edad tiene aún la figura de un muchacho, pero insiste en que su madre le compre un sostén. Créame que no le hace falta y la única razón por la cual quiere usarlo es porque la mayoría de sus amigas lo usan. ¿Debemos ceder y comprárselo?

Tu hija plana y estrecha necesita un sostén para ser como sus amigas, para competir, para evitar el ridículo y para sentirse como una mujer. Esas son excelentes razones. Tu esposa debe satisfacer su pedido mañana por la mañana, si no antes.

(2) Mi hija mayor es una estudiante muy buena y cada año obtiene calificaciones de sobresaliente. Pero, su hermana menor, que está ahora en el sexto grado, se siente completamente aburrida de la escuela y ni siquiera se esfuerza en estudiar. Lo que causa más frustración es que, probablemente, la más joven es la más inteligente de las dos. ¿Por qué se negará ella a utilizar sus habilidades, en la forma en que lo está haciendo?

Podría haber muchas razones para su falta de interés en los estudios, pero permíteme sugerir la más probable de las explicaciones. Muchas veces, los niños se niegan a competir cuando creen que van a quedar en segundo lugar en vez de en el primero. Por lo tanto, es posible que un niño que es más joven evite con diligencia el retar a su hermano mayor en la esfera de actividad en que éste se encuentra más fuerte. Si Roberto es un gran atleta, entonces puede ser que Manuel esté más interesado en coleccionar sellos de correo. Si María es una pianista disciplinada, entonces puede ser que Teresa sólo piense en andar como una loca detrás de los muchachos.

Por supuesto, esta regla no se cumple en todos los casos, todo depende del temor al fracaso que el niño sienta y de la forma en que estime sus probabilidades de competir con éxito. Si su confianza es grande, puede ser que entre orgullosamente al territorio de su hermano mayor, decidido a hacer las cosas aun mejor que él. Sin embargo, la reacción más típica es buscar nuevas esferas de compensación que todavía no estén dominadas por la superestrella de la familia.

Si esta explicación está de acuerdo con la conducta de tu hija menor, entonces sería prudente el esperar que lo que ella llegue a realizar en la escuela sea menos que perfecto. Cada niño no tiene que adaptarse al mismo molde, ni podemos obligarle a que lo haga.

(3) *¿Qué sucede cuando un muchacho es tan diferente de los demás, que no puede competir con ellos, no importa cuánto se esfuerce en hacerlo?*

Ese callejón sin salida es, muy a menudo, la causa de intentos de autodestrucción. Esto me recuerda a una triste niña, llamada Lilia, que me fue enviada para que la aconsejara. Después que abrió la puerta de mi consultorio, permaneció de pie mirando hacia el suelo. Debajo de varias capas de polvo y maquillaje, podía verse su cara completamente enrojecida con acné infectado. Lilia había hecho cuanto era posible para ocultar la inflamación, pero no había tenido éxito. Pesaba unos treinta y ocho kilos y era un desastre físico de pies a cabeza. Se sentó sin mirarme a los ojos. Le faltaba la confianza para enfrentarse conmigo. No tuve necesidad de preguntarle qué era lo que la angustiaba. La vida le había dado un golpe devastador, y estaba amargada, enojada, quebrantada y herida profundamente. Los adolescentes que llegan a encontrarse en ese punto de desesperación, no pueden ver el mañana. No tienen ninguna esperanza. No pueden pensar en otra cosa. Saben que son repulsivos y les gustaría meterse en un hueco, pero no hay lugar donde puedan esconderse. Irse del hogar no les va a ayudar y llorar no produciría ningún cambio. Muchas veces escogen el suicidio como la única salida.

Lilia me dio muy poco tiempo para tratar de ayudarla. A la mañana siguiente entró tambaleándose en la oficina de la escuela y anunció que se había tomado todo lo que había en el botiquín de su casa. Hicimos todos los esfuerzos posibles para que vomitara los medicamentos y, finalmente, lo logramos camino al hospital. Lilia sobrevivió, físicamente, pero su autoestima y su confianza en sí misma habían dejado de existir años atrás. Las cicatrices en su triste rostro simbolizaban las heridas que había en su corazón adolescente.

Los casos de suicidio están aumentando rápidamente entre los adolescentes norteamericanos. Las estadísticas más recientes indican que, en estos últimos años, la cantidad de suicidios se ha duplicado anualmente en algunas ciudades. Se cree que entre los estudiantes de diecinueve años de edad y menores, el suicidio es la tercera causa más común de muerte. Estudios realizados sobre estos infelices jovencitos muestran que tienden a ser solitarios y sin amigos, y que los muchachos de su misma edad los han rechazado por completo, dejándolos totalmente aislados. En otras palabras, se han dado cuenta de que no pueden competir con éxito en nuestra sociedad de adolescentes que es altamente competitiva. Las siguientes declaraciones, hechas por el doctor Paul Popenoe y otros, fueron tomadas de un artículo publicado en el diario *Los Angeles Times*, del 25 de mayo de 1971:

> La falta de amigos, la falta de sentimientos de aceptación y la falta de una vida social saludable, representa serios problemas para los estudiantes de escuela secundaria y los universitarios en todos los niveles. Algunos de los estudios realizados han demostrado que cincuenta por ciento de todos los estudiantes carecen de una vida social significativa, tanto dentro como fuera de la escuela.
>
> Por lo general, esto les impide disfrutar de la vida estudiantil y esos estudiantes se inclinan a sentir aversión hacia la escuela a la que asisten. No solamente su futuro puede verse permanentemente afectado, sino que cada vez una mayor cantidad de ellos recurren al suicidio, que es actualmente la causa más común de muerte en las universidades, después de los accidentes automovilísticos. Algunos expertos creen que en realidad por lo menos la mitad de esos accidentes son suicidios. El Instituto Nacional de Salud Mental informó lo siguiente: «De todas las causas relacionadas con el comportamiento suicida, el aislamiento y la separación de la persona parecieran distinguir a quienes se quitan la vida de quienes no lo hacen».
>
> Un científico que estudió las muertes por suicidio de niños de edad escolar en Nueva Jersey, descubrió que «en todos los casos de suicidio el niño no tenía amigos íntimos con quienes pudiera haber compartido confidencias o de quienes pudiera haber recibido apoyo sicológico».

Evidentemente, la incapacidad para lograr la aceptación social no es meramente un sentimiento desagradable que experimentan los jóvenes; tal falta de autoestima puede extinguir el deseo de seguir viviendo. Los padres y los maestros deben ser entrenados para que reconozcan los primeros síntomas de la pérdida de toda esperanza personal durante los años tiernos y moldeables de la niñez, y sobre todo, se les debe entrenar para que sepan qué es lo que pueden hacer para ayudar a los niños que tienen un problema tan serio como ese.

Estrategia #6
Disciplinar sin dañar la autoestima

Consideremos ahora el importante asunto de la disciplina y la autoestima. ¿Quebranta el castigo, especialmente las nalgadas, el espíritu del niño? La respuesta a esta pregunta depende totalmente de la manera y la intención con que los padres castigan al niño. La cuestión no es «si se le deben dar o no nalgadas al niño», sino «cuándo, en qué forma y por qué». Aunque hablé de este tema en mi libro: «Atrévete a disciplinar», es necesario reexaminarlo aquí específicamente en relación con el concepto que el niño tiene de sí mismo.

Las nalgadas son un método disciplinario muy útil cuando se aplican de manera adecuada; y enfáticamente recomiendo a los padres que las utilicen con regularidad. Sin embargo, como sucede con cualquier forma de disciplina, pueden ser aplicadas correcta o incorrectamente. Estar de acuerdo con el castigo corporal no significa que el padre o la madre descarguen todas sus frustraciones y ansiedades sobre su pequeño hijo o que lo golpeen detrás de la oreja por sus errores, accidentes e irresponsabilidades infantiles. No es recomendable tampoco castigarlo en frente de los demás o tratarlo con falta de respeto. En una ocasión, aconsejé a una desdichada adolescente cuyo brutal padre la había golpeado durante toda su infancia. Cierta noche, cuando aún era bastante pequeña, después que mojó la cama, su padre le envolvió la cabeza en la sábana empapada de orina y la metió boca abajo en el inodoro. Es evidente que, debido a las pesadillas que su padre le hizo tener cuando era niña, su autoestima jamás se recuperará. No cabe la menor duda de que esta clase de castigo cruel, hostil, inmerecido y caprichoso puede ser devastador para cualquier niño, particularmente cuando se da cuenta de que no lo quieren en su hogar. Por lo tanto, existen muchos peligros sicológicos, relacionados a este asunto, que deben evitarse.

No obstante, existe otra manera muy eficaz para dañar la autoestima, que es irse al extremo opuesto y no aplicar ningún tipo de disciplina. Cuando un niño sabe que ha hecho algo malo, que ha sido egoísta o que ha ofendido a otras personas, espera que sus padres reaccionen de manera apropiada. Después de todo, ellos son los ejemplos de lo que significan la justicia, la ley y el orden, que son los elementos que más les gustan a los niños. Si un padre o una madre se niega a aceptar el desafío de su hijo, éste lo verá con desprecio y no lo considerará merecedor de su lealtad. Pero lo más importante es que se preguntará por qué le permite hacer cosas tan peligrosas si en verdad lo quiere. En el versículo 8 del capítulo 12 de la epístola a los Hebreos, se afirma, de manera explícita y con gran sabiduría, el siguiente principio:

> Si se os deja sin disciplina, de la cual todos han sido participantes, entonces sois bastardos, y no hijos.

¡Qué verdad se encierra en estas palabras! Un niño indisciplinado se siente como si no perteneciera a su familia, a pesar del «amor» que le tengan sus padres. Estas palabras de sabiduría bíblica fueron confirmadas por Stanley Coopersmith, profesor adjunto de sicología, de la Universidad de California, quien estudió a 1738 muchachos de clase media y a sus familias. El estudio empezó durante su preadolescencia y terminó cuando llegaron a la edad adulta. Después de identificar a los muchachos que tenían la más alta autoestima, comparó sus hogares y las influencias de la infancia con los de aquellos que no se consideraban a sí mismos tan valiosos. El doctor Coopersmith descubrió tres características importantes que los diferenciaban: (1) Los muchachos que tenían alta autoestima eran más queridos y apreciados en sus hogares que los que tenían concepto más bajo de sí mismos. El amor de los padres era profundo y genuino y no un amor que sólo se pregona. Los muchachos sabían que eran objeto de orgullo e interés por parte de sus padres, lo cual aumentaba su sentido de valor personal. (2) El grupo de jóvenes con la más alta autoestima, procedía de hogares en donde los padres habían sido más estrictos en cuanto a su método de disciplina. En contraste, los padres del grupo de baja autoestima habían producido en ellos una sensación de inseguridad y dependencia debido a su permisividad. Era más probable que esos muchachos pensaran que no se les imponía ninguna regla porque no le interesaban a nadie lo suficiente, puesto que de haber sido así, se hubieran tomado la molestia de hacerlo. («Si se os deja sin disciplina[...] entonces sois bastardos, y no hijos».) Además, durante la última fase del estudio se descubrió que los jóvenes más independientes y con mayor éxito, procedían de hogares estrictos, en donde se exigía que los hijos fueran responsables y rindieran cuenta de sus actos. Y, tal como se hubiera podido predecir, los lazos familiares eran más fuertes, no en los hogares donde los muchachos habían hecho lo que querían, sino en los que la disciplina y el autocontrol habían sido el estilo de vida. (3) Los hogares de los muchachos que tenían más alta autoestima se distinguieron también por su ambiente democrático y franco. Una vez que se habían establecido los límites de comportamiento, existía la libertad para que las personalidades individuales crecieran y se desarrollaran. Los muchachos podían expresarse sin temor al ridículo y la atmósfera en general estaba caracterizada por la aceptación y la seguridad emocional.

El doctor Joseph Bobbitt, reconocido sicólogo infantil, expresó esto mismo, con las siguientes palabras: «Se han realizado estudios que demuestran que el niño que tiene la más baja autoestima es aquel a quien no se le permitió decir ni una palabra a la hora de comer. El que le sigue, en cuanto a su baja imagen de sí mismo, es el niño a quien se le permitió dominar la conversación. Y el niño que tiene mayor autoestima, es el que escucha que sus padres le dicen: "Sí, puedes hablar... cuando te llegue el turno"». Esta afirmación revela lo importante que es el equilibrio entre el amor y el control, para criar niños emocionalmente seguros y saludables.

Si la buena disciplina es tan importante para el desarrollo de la autoestima, analicemos entonces sus ingredientes. Volviendo al tema de las nalgadas, consideremos la pregunta: ¿Cuándo y bajo qué circunstancias es conveniente aplicar esta forma de disciplina? Si actúas de acuerdo con la siguiente filosofía, no dañarás emocionalmente a tus hijos: (1) Establece los límites con anticipación. Debes explicarle al niño, antes que quebrante las reglas, cuáles son estas. Asegúrate de que sepa qué es lo que esperas de él y por qué quieres que las cosas sean así. No debes hacerle sentir culpable de haber quebrantado una regla si no sabía de antemano cuál era esa regla. (2) Cuando el niño desafíe insolentemente tu autoridad, desobedeciendo tus instrucciones, lo que en realidad espera es que hagas algo. No lo desilusiones. Así que, debes reservar las nalgadas para ese momento de conflicto en que el niño pone a prueba el derecho a ejercer tu autoridad. Debes aplicar el castigo corporal como respuesta a su insolencia, su arrogancia o su abierta desobediencia. CUANDO SE TRATA DE UN DESAFÍO INTENCIONAL, NINGUNA OTRA FORMA DE DISCIPLINA ES TAN EFICAZ COMO LAS NALGADAS. En este sentido, las nalgadas no son un «último recurso» para ser utilizado después que hayas gritado, aullado, llorado, rogado, negado privilegios, sollozado y mandado a tu hijo a un rincón. Debe aplicarse cada vez que el niño, en actitud testaruda, cierre sus puños y avance más allá de la línea que el padre o la madre trazó en el piso. (3) No le pegues al niño por errores y accidentes, por haber olvidado darle de comer al perro, arreglar la cama o realizar otros actos de inmadurez. No le pegues para ayudarle a aprender su lección (Flip Wilson, un comediante, dice: «Cómo aspiras a que el niño aprenda mientras le estás pegando por el trasero» y yo estoy de acuerdo con él). No lo castigues hoy por algo que hizo ayer y tú pasaste por alto. Este tipo de comportamiento no es un desafío voluntario. Él se resentirá al castigo por haber provocado, de manera accidental, tu ira. (4) Es posible que tu hijo, después de las nalgadas, quiera ser consolado y sentir que lo quieres. ¡Recíbelo con un fuerte abrazo! Apriétalo contra tu pecho y háblale de tu amor por él. Mécelo suavemente y dile, una vez más, por qué fue castigado y cómo puede evitar meterse en problemas la próxima vez. No es posible hablar íntimamente con un niño cuando todavía existe una situación de conflicto. La comprensión y la intimidad no se logran si lo enviamos a su habitación cuando se encuentra enojado y en actitud desafiante. Este momento de comunicación ocurre cuando las emociones se ventilan después de unas buenas nalgadas. De esta manera la autoestima no se destruye, sino que se fomentan el amor, la fidelidad y la unión familiar. (5) Las nalgadas deben terminar cuando el niño tiene ocho o nueve años. ¡Nunca se le debe pegar a un adolescente! A esa edad, el joven no tiene un alto concepto de sí mismo y unas nalgadas son el máximo insulto que se le puede infligir, puesto que lo hace sentir como si fuera un bebé.

Hoy día, existen muchos especialistas en desarrollo infantil que recomiendan tratar de «razonar» con el niño, para que deje de actuar desafiantemente. Cualquiera que haya puesto en práctica este consejo sabe que no produce resultados. ¿Por qué? Porque saber quién es el más fuerte, es muy importante para el niño. Cuando un niño se muda a un vecindario nuevo, con frecuencia tiene que pelear, ya sea verbal o físicamente, para dejar claramente establecida su jerarquía, en términos de fuerza. De la misma manera un maestro se ve obligado a defenderse durante los primeros días de cada año escolar, porque todos los estudiantes quieren saber si es fuerte o débil. Sin importar cuál es la causa por la cual pelean padres e hijos, la clave del asunto es dejar bien establecido quién tiene la autoridad. Y cuando el campo está dispuesto para esa batalla, ni los razonamientos ni las explicaciones servirán para llegar a un acuerdo.

Esos mismos especialistas dicen que las nalgadas les enseñan a nuestros hijos a golpear a otros niños, haciéndolos convertirse en personas más violentas. ¡Tonterías! Si alguna vez tu hijo tocara accidentalmente una estufa caliente, puedes estar seguro de que jamás volverá a tocarla intencionalmente. No se convierte en una persona más violenta porque la estufa le quemó la mano; en realidad, por medio del dolor habrá aprendido una valiosa lección. De igual manera, cuando se cae de su silla alta, se golpea violentamente los dedos con la puerta o es mordido por un perro, aprende acerca de los peligros físicos que le rodean en este mundo. Los golpes y magulladuras que recibe durante la infancia son parte del método empleado por la naturaleza para enseñarle qué es lo que debe temer. No dañan su autoestima. No lo convierten en una persona cruel. Simplemente lo familiarizan con la realidad. De la misma manera, unas nalgadas aplicadas adecuadamente por un padre o una madre cariñoso producen los mismos resultados. Le hacen saber que no existen solamente peligros físicos que debe evitar, sino que también debe apartarse de ciertos peligros sociales, tales como: el egoísmo, el desafío, la deshonestidad, la agresión no provocada, etcétera.

Finalmente, regresemos a la pregunta inicial: ¿Quebranta el castigo, especialmente las nalgadas, el espíritu del niño? Es muy importante que comprendamos la diferencia entre quebrantar el *espíritu* del niño y quebrantar su *voluntad*. A cualquier edad, el espíritu humano es sumamente frágil y debe ser tratado con mucho cuidado. Tiene relación con la manera en que la persona se ve a sí misma, con su valor personal y con los factores emocionales a los cuales está dedicado este libro. Un padre puede dañar muy fácilmente el espíritu de su hijo, si lo ridiculiza, menosprecia, amenaza con dejar de amarle o lo rechaza verbalmente. Todo lo que rebaje su autoestima puede ser costoso para su espíritu. Sin embargo, aunque el espíritu es frágil y debe ser tratado con mucho cuidado, la voluntad está hecha de acero. Se manifiesta con plena fuerza desde el momento de nacer, como bien lo sabe el padre o la madre que se pasa la noche calentando botellas de leche. Es más, aun aquellos niños cuyos espíritus han sido despedazados, pueden manifestar el más imponente despliegue de fuerza de voluntad. *Entonces, lo que queremos hacer es moldear la voluntad del niño, pero dejar intacto su espíritu.* Esto se logra cuando se exige que el niño obedezca, de manera razonable, las órdenes que le hemos dado. Y luego ganamos la batalla si él decide desobedecerlas. Si permites que tu hijo crezca sin que su voluntad sea frenada en lo absoluto, el resultado podría ser una terquedad extrema que haría de él una persona inútil para consigo misma, con los demás y con Dios.

Preguntas y respuestas

(1) *¿Por qué hay tanta confusión, hoy día, sobre el tema de la disciplina? ¿Es tan difícil, en realidad, criar a nuestros hijos como es debido?*

Los padres están confundidos, porque muchos profesionales, que deberían saber más que eso, les han enseñado una forma de manejar a los niños que es ilógica e imposible de realizar. Algunos «expertos» en el asunto de la disciplina, han complicado las cosas con filosofías permisivas que contradicen la naturaleza del niño. Permíteme mencionar un ejemplo. En el libro de preguntas y respuestas, titulado *Growing Pains* [Dolores del crecimiento], publicado por la Academia Americana de Pediatría (Sección de la Asociación Médica Americana), se hace referencia a la pregunta de una madre, la cual dice así: «¿Qué debe hacerse cuando un niño enojado le da con la puerta en las narices a sus padres?» La respuesta en el libro, dice: «Retroceda. Y, después no haga nada hasta que tenga buenas razones para creer que la ira del niño se ha calmado. Cuando el niño esté de buen humor, explíquele lo peligroso que puede ser el dar portazos. Tome tiempo para hacerle ver cómo una persona puede perder un dedo de la mano cuando se da un portazo. Varias conversaciones de esta clase son suficientes, por lo general, para curar al niño que da portazos».

Qué inadecuada es esta respuesta, según mi punto de vista. El que la escribió no se dio cuenta de que el comportamiento del niño dando un portazo *no* es el verdadero problema en esta situación. Por el contrario, el niño estaba demostrando su desafío a la autoridad del padre o de la madre y es por *eso* que debería habérsele considerado responsable. Sin embargo, se les dice a los padres que esperen hasta que el niño esté de buen humor (que podría ser el jueves de la semana que viene), para entonces hablar con él acerca de los peligros de dar portazos. Sin duda alguna ese niño estaba implorándole a su madre que aceptara su desafío, pero ella estaba en otra habitación contando hasta diez para tomar todo con calma. Esperemos que tenga suerte en el próximo encuentro con su hijo.

Como he dicho anteriormente, los «grandes» consejeros de los padres no han presentado una línea de acción para ser aplicada en respuesta al desafío voluntario de un hijo. En la situación que acabo de describir, por ejemplo, ¿qué debe hacer la madre hasta que su hijo se calme? ¿Qué debe hacer si él está rompiendo los muebles y escribiendo en la parte de atrás de la puerta que cerró de un golpe? ¿Qué si insulta y golpea a su hermanita en la boca? Como puedes ver, el *único* instrumento dado a la madre, por el escritor antes mencionado, es un *razonamiento* pospuesto. Y como todas las madres saben, razonar con el niño es prácticamente inútil como respuesta a la ira y a la falta de respeto.

La naturaleza ha provisto a todos los niños con un maravilloso lugar acolchonado para usarlo en los momentos de desafío arrogante y quisiera que los «expertos» en disciplina estuvieran menos confundidos en cuanto a su uso adecuado.

(2) *¿Es cierto que el «hijo de en medio» tiene mayores problemas con la baja autoestima, que los demás miembros de la familia? Si es así, tal vez eso explica por qué mi segundo hijo nunca ha sido una persona segura de sí misma.*

La baja autoestima puede convertirse en un problema para cualquier persona, sin importar el orden de su nacimiento ni la edad. Sin embargo, tienes razón al pensar que al hijo del medio a veces le resulta más difícil el establecer su identidad dentro de la familia. No goza de la categoría del mayor, ni de la atención que se le da al menor. Además, es probable que nazca en un período muy ocupado de la vida de los padres y en particular de la madre. Y luego, cuando llegan los años en que está empezando a andar, su precioso territorio es invadido por un pequeño y lindo recién nacido que le roba a su mamá. No es raro que frecuentemente él se pregunte: «¿Quién soy y cuál es mi lugar en la vida?»

Recomendaría que los padres tomen medidas para hacer que *todos* sus hijos se sientan seguros de su identidad, pero especialmente el hijo del medio. Eso se puede lograr relacionándose de vez en cuando con cada niño o niña de manera individual, en vez de hacerlo simplemente como miembros del grupo. Permíteme que te dé dos sugerencias, que pueden servir como ejemplos que ilustrarán bien lo que quiero decir:

(1) Pídele a cada uno de tus hijos que diseñe su propia bandera, la cual se puede coser en un pedazo de lona o de tela. Entonces se pone a ondear esa bandera en el patio de enfrente de la casa en el día «especial» de ese hijo, incluyendo los cumpleaños, después que ha recibido una calificación de sobresaliente en la escuela, ha marcado un tanto en fútbol o ha hecho una carrera en béisbol y otras cosas por el estilo.

(2) Es muy importante que, cada cuatro o cinco semanas, papá tenga una «cita» con cada hijo, *por separado*. No se les debe decir a los demás muchachos a dónde van a ir ellos, sino que debieran enterarse cuando les sea revelado por el niño o la niña después que hayan ido. El padre y el hijo podrían salir juntos y hacer cualquier cosa que sea divertida o agradable para el niño. Pero debe ser el niño quien elija lo que van a hacer.

Hay otras maneras de conseguir el mismo propósito. La meta, como ya dije, es planear actividades que enfaticen la individualidad de cada niño aparte de su identidad con el grupo.

(3) *Los niños de nuestro vecindario son muy brutales entre sí. Se ridiculizan unos a otros, se insultan y pelean continuamente. ¿Hay algo que los padres podríamos hacer para cambiar esa situación?*

Seguro que sí. Los padres pueden producir una atmósfera más pacífica entre los niños del vecindario, *si* hablan unos con otros, pero eso requiere de tacto de parte de cada uno de ellos. No hay una manera de hablar, que más rápidamente haga enojar a una mamá, que el que otra mamá critique a su precioso hijo. Sin duda alguna este es un tema bastante delicado. En la mayoría de los vecindarios los padres reciben muy poca información acerca del comportamiento de sus hijos. Los niños saben que casi no existe ninguna comunicación entre los adultos y se aprovechan de esa barrera. Lo que hace falta en cada cuadra es una madre que tenga el valor de decir: «Quiero que se me diga lo que mi hijo hace cuando está fuera de su casa. Si se porta mal con otros niños, me gustaría saberlo. Si es irrespetuoso con los adultos, por favor, dígamelo. No pensaré que son chismes y no me ofenderé porque haya venido a decírmelo. Espero que también yo pueda decirle lo que sepa de sus hijos. Ninguno de nuestros hijos es perfecto, y sabremos mejor cómo instruirles si, como adultos, podemos hablar francamente unos con otros».

En resumen, los niños son capaces de aprender, desde muy temprana edad, a comportarse correctamente y es nuestra responsabilidad hacerles «sentir» por los demás.

(4) *Unas veces mi pequeña hija es dulce como la miel y otras es insoportablemente irritante. ¿Como puedo sacarla de su mal humor cuando realmente no ha hecho nada digno de castigo?*

Te sugiero que la tomes en tus brazos y hables con ella de esta manera: «No sé si te has dado cuenta o no, pero tú tienes dos "personalidades". La personalidad es la manera de hablar y comportarse. Una de tus personalidades es dulce y amorosa. Cuando esta personalidad tiene control, posiblemente nadie podría ser más cariñoso y feliz que tú. A esta personalidad le gusta esforzarse y buscar maneras de hacer feliz al resto de la familia. Y todo lo que tienes que hacer es apretar un botoncito rojo para que surja. Pero, a veces, aprietas otro botón y de súbito aparece la otra personalidad que es irritable, escandalosa y tonta, que quiere pelear con tu hermano y desobedecer a mamá. En la mañana se levanta malhumorada y no hace nada más que quejarse durante todo el día. Ahora bien, yo sé que tú puedes apretar el botón para que aparezca tu personalidad agradable o puedes llamar a la desagradable. A veces es necesario darte una o dos nalgadas para obligarte a apretar el botón correcto. Si sigues apretando el que no debes, como lo has estado haciendo hoy, entonces voy a tener que hacerte sentir incómoda, todo depende de ti. Estoy cansada de ese personaje irritable y quiero ver al que es agradable y sonriente. ¿Podemos llegar a un acuerdo?»

Cuando la disciplina se convierte en un juego, como en una conversación igual a esta, entonces ha logrado su propósito sin conflicto ni enemistad.

Estrategia #7
No perder de vista el aula

¿Qué debe hacer un padre o una madre cuando sabe que su hijo no está obteniendo buenas calificaciones en la escuela? En primer lugar debe entender que el fracaso académico es síntoma de una causa más específica. Por ejemplo, hay una gran diferencia entre un alumno cuyo nivel de rendimiento está por debajo del normal, es decir, que no quiere esforzarse y uno que es lento para aprender e *incapaz* de hacer lo que se le exige. Por lo tanto, antes de poder ayudar al niño, debemos diagnosticar su problema. En muchas escuelas cuentan con la ayuda de un sicólogo que puede hacer varios exámenes, de acuerdo con las características de cada niño en particular. Los padres preocupados pueden iniciar estos trámites al hablar con las personas encargadas de los servicios de orientación y solicitar una evaluación de su hijo. Si la escuela no ofrece este servicio, es posible que se tenga que buscar la ayuda de un sicólogo en su consultorio privado.

Una vez que se sabe cuál es la naturaleza de la dificultad, se pueden dar los pasos necesarios para resolverla. A continuación doy algunas sugerencias que pueden ser útiles:

(1) El apoyo de un maestro que le preste atención especial puede ayudar al niño a salir adelante académicamente.

Algunos muchachos tienen problemas para captar conceptos de lectura, escritura y aritmética cuando están sentados en el aula. Hay demasiadas distracciones y muy pocas razones para concentrarse. Sin embargo, cuando un maestro puede trabajar con un niño en una relación individual, es más fácil que este aprenda. La escuela es el mejor sitio para encontrar un maestro experimentado y paciente.

(2) Asegúrate de que tu hijo sepa leer cuando finalice el segundo grado. Estoy totalmente convencido de que la autoestima ha sido más dañada por problemas que tienen que ver con la lectura que por ningún otro aspecto de la vida escolar. ¡Y esto no tiene que suceder! Los educadores han desarrollado muchas formas creativas para remediar los problemas de lectura, tales como alfabetos más simplificados, máquinas de enseñanza, instrucción multisensorial y otras técnicas. Cualquier niño, con muy pocas excepciones, puede aprender a leer si se le enseña de manera adecuada. Sin embargo, lamentablemente, estas técnicas suelen ser muy costosas y es muy probable que no se utilicen en la escuela a donde asiste tu hijo. El sistema tradicional de enseñanza en grupo puede ser el único programa educacional ofrecido y este tiene un elevado índice de deficiencia. Una vez más, en estos casos recomiendo enfáticamente la ayuda de un maestro que trabaje en forma individual con el alumno. *Es absolutamente imprescindible para la autoestima de tu hijo que aprenda a leer lo más pronto posible en sus primeros años escolares y si los educadores profesionales no pueden ayudarle, ¡alguna otra persona tendrá que hacerlo!*

(3) Si tienes un hijo que decididamente no desarrolla su potencial, que por completo se niega a utilizar sus habilidades, estás enfrentándote a uno de los problemas académicos más frustrantes. Estoy seguro de que ya lo sabías. Y lo único que lograrían todos tus gritos, chillidos, castigos, lamentos y privaciones de lo que más le gusta, sería un bostezo aburrido y otra mala nota en la escuela. He probado muchos métodos para motivar a estos niños despreocupados e irresponsables, pero todos han fracasado. La única opción que ha funcionado es la que consiste en un plan bien concebido de

recompensas inmediatas. Sin embargo, no es suficiente premiar a un niño por trabajar, ya que sólo se logrará que se entusiasme por un momento, y poco después la apatía y los bostezos continuarán. En mi libro *Atrévete a disciplinar* se analizan, de manera bastante detallada, los principios básicos de la recompensa y el estímulo de la conducta, específicamente aplicados a este tipo de alumno. Los padres de niños con este problema, pueden consultar dicho libro.

(4) ¿Qué se puede hacer acerca de la autoestima del niño que es lento para aprender? Esta pregunta exige una respuesta porque existen muchos niños que tienen este problema. El cociente intelectual, en el total de la población de los Estados Unidos, está distribuido alrededor de un término medio de cien. Esto significa que el cincuenta por ciento de los niños tienen cocientes intelectuales por arriba de cien y el otro cincuenta por ciento por debajo de cien. Ahora bien, es evidente que los niños que se encuentran en esta última posición están en una situación de alto riesgo en cuanto a problemas de aprendizaje y de dudas sobre su valor personal. Mientras más bajo es el nivel del cociente intelectual, mayor será la posibilidad de que se enfrenten al fracaso académico de manera rutinaria. Aproximadamente veintidós por ciento de los niños en los Estados Unidos tiene cocientes intelectuales que varían entre 70 y 90, índices que señalan la categoría de los alumnos lentos para aprender. *Es posible predecir, aun antes que estos niños comiencen el primer grado escolar, que pronto tendrán sentimientos de inferioridad y problemas de adaptación.* Así que, por medio de la distribución de la inteligencia sabemos que aproximadamente cincuenta por ciento de los niños llegará a la vida adulta después de haberse sentido tontos durante doce años. ¡Jamás lo olvidarán!

Quiero hacer dos recomendaciones muy importantes a los padres de niños que son lentos para aprender. En primer lugar, deben restarle importancia al valor de los logros académicos en su hogar. Esto puede parecer una herejía en una sociedad donde la educación es tan importante, pero tal como lo he dicho en muchas otras ocasiones: la autoestima se despedaza cuando no se tienen las suficientes cualidades. Así que deben restarle importancia a todo lo que su hijo o hija *no pueda* lograr, a pesar de esforzarse en ello. Nosotros no exigiríamos que un niño impedido llegara a ser un atleta destacado; sin embargo, todos los padres de estudiantes con cociente intelectual medio, quieren que sus hijos sean graduados universitarios. Si yo tuviera un hijo con un cociente intelectual de ochenta y cinco, que se esforzara por hacer lo que otros niños estuvieran haciendo con suma facilidad, haría lo necesario por quitarle de encima la presión que estaría aplastándolo. Me concentraría en sus puntos fuertes y hablaría lo menos posible de sus calificaciones escolares. Hay ciertas cosas en la vida que son más importantes que el éxito en la escuela y una de ellas es la autoestima. Si me viera obligado a escoger entre ambos aspectos, el valor personal de mi hijo ocuparía el primer lugar.

En segundo lugar, un padre o madre no debe permitir que «reprueben» a su hijo que es lento para aprender, después que haya salido del kindergarten. Muy pocas circunstancias justifican que un niño repita un grado porque su nivel de rendimiento es bajo. Esto crea un sentimiento de fracaso que es devastador para el sentido de suficiencia del niño. ¿Qué otra conclusión puede sacar aparte de que es terriblemente estúpido? Todos sus amigos pasaron de grado. ¿Por qué no pasó él? ¡Mírenlo ahora, se quedó en la misma clase con todos los bebés! Cuánto odio contra sí mismo generan estas prácticas educativas anticuadas en las vidas de sus víctimas. Y, lamentablemente, si un niño que es lento para aprender repite el año, no se logra nada absolutamente desde el punto de vista académico. No se vuelve más inteligente al año siguiente, ni sus capacidades básicas surgen de manera súbita. El único cambio que produce esta repetición de grado es que ahora la autoestima del niño tiene una grieta que corre de pies a cabeza.

El niño que es lento para aprender necesita que los padres lo ayuden a descubrir sus habilidades compensatorias y a darse cuenta de que su valor personal no depende del éxito académico.

(5) Hay ocasiones en las que un cambio de escuela o de maestro, puede ser muy beneficioso para el niño.

Por razones evidentes, los educadores no aprueban estas transferencias, aunque se debe considerar esta posibilidad cuando la situación lo requiera. Las escuelas varían notablemente en cuanto a sus niveles de dificultad; algunas se encuentran en áreas donde el nivel socioeconómico de la población es alto y donde la mayoría de los niños son mucho más inteligentes, de lo que se pudiera pensar. El cociente intelectual en escuelas de esta naturaleza oscila entre 115 y 120. ¿Qué le sucede a un muchacho que se encuentra en esta clase de ambiente y tiene un cociente intelectual medio? Aunque hubiera podido competir triunfalmente en una escuela común o corriente, estaría quince por ciento por debajo de los demás niños. Lo que quiero dejar claramente establecido es lo siguiente: el éxito no es algo absoluto sino relativo. Un niño no pregunta: «¿Cómo lo estoy haciendo?», sino: «¿Cómo lo estoy haciendo en comparación con los demás?» Juanito puede crecer creyendo que es un tonto, cuando en otro tipo de ambiente menos competitivo hubiera podido ser un líder intelectual. Así que, si un niño fracasa en cierto ambiente académico, la solución podría ser cambiarlo a una escuela más adecuada para él.

En conclusión, el tópico de los «problemas de aprendizaje» es demasiado extenso para poder considerarlo adecuadamente en esta breve sección. Sin embargo, el tema que hemos examinado superficialmente, al hacer estos comentarios, es muy importante: los padres deberían mantenerse informados del progreso educacional de sus hijos, para poder intervenir de manera apropiada cuando sea necesario. Su propósito debería ser ayudarles a aprovechar al máximo su potencial intelectual, sin que sacrifiquen su autoestima.

Preguntas y respuestas

(1) *¿Tienen los niños que son lentos para aprender y los retrasados mentales la misma necesidad de que los aprecien como a los demás?*

A veces quisiera que no fuera así, pero sus necesidades no son diferentes. Durante parte de mi entrenamiento en el Hospital Pacific State para retrasados mentales, en Pomona, California, quedé impresionado por la enorme necesidad de amor que fue mostrada por algunos de los pacientes más retrasados. Hubo ocasiones en las que al entrar a una sala de niños, unos cuarenta o más de los que se encontraban seriamente retrasados se me acercaban apresuradamente gritando: «¡Papá! ¡Papá! ¡Papá!» Se empujaban unos a otros, alrededor de mis piernas, con sus brazos extendidos hacia arriba, haciéndome casi caer. El profundo deseo que tenían de que alguien les quisiera, simplemente no podía ser satisfecho en las experiencias de grupo de la vida de un hospital, a pesar de la calidad altamente excepcional de ese hospital.

La necesidad de estima o aprecio, me ha llevado a apoyar una tendencia que existe actualmente en la educación. Según ésta se les presta ayuda especial en sus clases regulares, a los niños que se encuentran en el límite de los retrasados mentales. No se les segrega en clases especiales. El estigma de ser un «retrasado», como ellos mismos se llaman, no es menos insultante para un niño de diez años de lo que sería para ti y para mí.

(2) ¿Qué piensa de la «nueva matemática», que se enseña en las escuelas estadounidenses?

La «nueva matemática», que ya no es muy nueva, representa un intento admirable de enseñarles a los niños conceptos matemáticos, en vez del proceso mecánico de aprender de memoria. En otras palabras, el propósito es ayudar a los niños a comprender el significado de las matemáticas en vez de memorizar cómo dividir, restar, contar los espacios decimales y todo lo demás. Me he dado cuenta de que este nuevo método es formidable para los niños que tienen la capacidad para entender los principios que se les enseñan. Lamentablemente, alrededor de la mitad de los alumnos no poseen las elevadas habilidades mentales necesarias para entender esta clase de razonamiento abstracto. Y me preocupa ese cincuenta por ciento de niños confundidos. ¿Qué estamos haciendo para ayudarlos? Por lo menos, con las «antiguas matemáticas» aprendían a realizar los cálculos básicos de la aritmética, aunque no los entendieran por completo.

En pocas palabras, estoy a favor de que se continúe con el actual esfuerzo para desafiar a nuestros alumnos más inteligentes, pero al mismo tiempo debemos proveer un programa más concreto para esos pequeños que se quedan mirando sin poder comprender lo que se les enseña.

(3) *¿Qué papel desempeña la inteligencia en la autoestima de los adultos? ¿Tienden a olvidar los problemas que tuvieron durante sus años escolares?*

Se ha dicho que «el niño es el padre del hombre», lo que significa que nosotros los adultos somos el producto directo de nuestra propia infancia. Así que, todo lo que he dicho acerca de la autoestima de los niños se aplica a los adultos también. Todos nos hemos graduado de la «escuela de los fracasos» y son pocos los que han escapado totalmente ilesos. Además, nuestro valor personal *todavía* está siendo evaluado a base de la inteligencia. El doctor Richard Herrnstein, sicólogo de la Universidad de Harvard, predice que un sistema de castas, fundado en el cociente intelectual, está en camino. Cree que muy pronto las personas serán clasificadas en categorías intelectuales rígidas, que determinarán sus carreras, sus sueldos y su posición social. El doctor Herrnstein basa sus expectativas en la desintegración de las barreras raciales y sexuales, que son un obstáculo para que la persona llegue a tener éxito; quedando solamente la inteligencia como el único motivo de discriminación. No estoy totalmente de acuerdo con la opinión del doctor Herrnstein, aunque estoy seguro de que veremos que la capacidad mental continuará teniendo importancia en el desarrollo de la autoestima en nuestro mundo tecnológico.

Estrategia #8
Evitar la sobreprotección y la dependencia

Veamos ahora los peligros con que se enfrentan nuestros hijos al madurar. Desde que tiene aproximadamente tres años de edad, el niño, que es la alegría y el orgullo de sus padres, comienza a abrirse paso en el mundo exterior. Juega cerca de su casa con los demás niños del vecindario; tal vez asiste a una guardería y un par de años después comienza a ir al kindergarten. Mientras que durante sus primeros años la madre pudo proteger cuidadosamente la autoestima de su hijo, ahora le es muy difícil controlar el ambiente que lo rodea. Es probable que otros niños se burlen de él y se rían de sus deficiencias; tal vez no pueda competir en sus juegos; o quizá pudiera quedar inválido o morir por causa de algún accidente. Este período en el que se «suelta» al niño suele ser una terrible amenaza para la madre compulsiva. Su reacción natural es apretar al bebé fuertemente contra su pecho, asfixiándolo con su «protección». Piensa que al vigilarlo, cuidarlo, defenderlo y protegerlo día y noche, tal vez pueda evitarle algunos de los sufrimientos que ella experimentó durante su infancia. Sin embargo, su intenso deseo de ayudarlo puede impedir su desarrollo. Se tienen que correr ciertos riesgos para que el niño pueda aprender y progresar, ya que no aprenderá a caminar si, mientras trata de hacerlo, no se le permite caerse.

Posiblemente sea más fácil fomentar una relación de dependencia dañina entre padres e hijos, que evitarla. Por lo general, esa clase de relación comienza a desarrollarse durante los primeros días de la infancia. Cuando el niño nace, está totalmente desvalido. A menudo, olvidamos cuánto depende de nosotros el recién nacido. En realidad, quisiéramos olvidarlo lo más pronto posible. Esta pequeña criatura, acostada en su cuna, no puede hacer nada por sí sola. No puede darse vuelta, rascarse la cabeza, expresar sus pensamientos con palabras y ni siquiera levantará un dedo para ayudarse a sí misma. Por lo tanto, sus padres son responsables de satisfacer todas sus necesidades. Ellos son sus servidores y si se demoran en responder a sus exigencias, el niño viene equipado con un aullido que les pone los pelos de punta y los obliga a actuar inmediatamente. Además de todo esto, él no tiene ninguna obligación para con ellos. No tiene que agradecer sus esfuerzos. Nunca dirá «por favor» o «gracias», ni pedirá perdón por hacerlos levantar media docena de veces durante la noche. Tampoco se compadece cuando al cambiarle el pañal a las tres de la madrugada, su exhausta madre se pincha un dedo con el imperdible (sin lugar a dudas, ¡la agonía más grande en la experiencia humana!). En otras palabras, el niño comienza su vida en un estado de completa dependencia de quienes le han dado el apellido.

Sin embargo, veinte años después, cuando ya no es un niño, se supone que hayan ocurrido cambios radicales en su comportamiento. Para entonces, debería estar capacitado para asumir todas las responsabilidades de un adulto joven. Se espera que gaste su dinero de manera prudente, que conserve su empleo, que sea leal a una sola mujer, que atienda las necesidades de su familia, que obedezca las leyes de su país y que sea un buen ciudadano. En otras palabras, a través de su infancia, la persona debería avanzar de una posición en la que no tiene *ninguna* responsabilidad, a una de *completa* responsabilidad.

Pero, mi estimado amigo, ¿cómo logrará Juanito pasar de una posición a la otra? ¿Cómo ocurre esta transformación mágica de autodisciplina? Muchos de los que se han nombrado a sí mismos expertos en desarrollo infantil, creen que todo debería ocurrir cerca del final de la adolescencia, unos quince minutos antes que Juan (ya no Juanito) se vaya del hogar de sus padres definitivamente. También dicen que antes que eso suceda, se le debería permitir hacer todo lo que él quiera.

Rechazo categóricamente esa idea. La mejor manera de preparar a un niño para que se convierta en un adulto responsable es ayudándolo a asumir responsabilidades durante la niñez. Esto no significa que con látigo en mano lo obligamos a comportarse como un adulto. Quiere decir, que animamos al niño a progresar según un plan metódico de darle cada vez más responsabilidades que estén de acuerdo con su edad. Por ejemplo, poco después de su nacimiento, la madre debe empezar a transferirle ciertas responsabilidades. Poco a poco, el niño aprende a dormir durante toda la noche, a sostener el biberón y a alargar la mano para tratar de agarrar lo que quiere. Más tarde, aprende a caminar, a hablar y a ir al baño solo. A medida que llega a dominar cada nueva habilidad, la madre se va «liberando» de su servidumbre a él.

Por lo general, es fácil transferir responsabilidades hasta que el niño tiene unos dieciocho meses. Al cumplir esa edad, de pronto se da cuenta de dos cosas: (1) El trabajo es un mal que se debe evitar a toda costa y en el cual no quiere ni pensar. (2) Cada nueva tarea que tiene que realizar, significa que pierde un poco más a su mamá. Mientras que antes ella era su sirvienta, dedicada a servirlo todo el tiempo, ahora ya no lo es y siente que se le escapa de entre las manos. Tiene que recoger sus juguetes, porque su mamá ya no lo hace. Tiene que lavarse las orejas, porque su mamá ya no está allí para hacerlo. Y a esa edad lo que él más anhela es la atención de los adultos. Por lo tanto, si quiere conservar a su compañera de juegos, debe mantenerla ocupada. Por supuesto, sus pensamientos no son tan conscientes ni racionales, ¡pero cualquiera que haya criado a un niño que comienza a andar sabe que eso es lo que sucede! Por consiguiente, se inicia una tremenda lucha. Mamá hace todo lo posible porque su hijo crezca y él trata por todos los medios de seguir siendo un niño.

En ese momento se presentan las amenazas físicas y emocionales que ya he mencionado; las cuales fácilmente pueden hacer que una madre ansiosa ceda en esa lucha y se diga: «Si logro que siga dependiendo de mí durante el mayor tiempo posible, podré protegerlo mejor de este mundo cruel». Por lo tanto, durante varios años, no lo deja cruzar la calle solo, aunque ya podría hacerlo sin ningún peligro. Ella lo hace *todo* por él, sin pedirle nada a cambio. Participa en todas las discusiones que el niño tiene con sus amigos, poniéndose de su parte sin importarle quien tenga la razón. Más tarde, todos los días lo lleva de la mano a la escuela, sintiéndose muy orgullosa al pensar que está portándose como una buena madre. ¡Y pobre de la maestra que trate de disciplinar a su pequeña fierita! Como podemos ver, a lo largo de toda la infancia, la madre fomenta la continuación de una relación de dependencia con su hijo, en la cual mantiene todas las responsabilidades sobre sus propios hombros.

¿Puede el niño prosperar en esa clase de situación? Claro que no. La madre se entrega totalmente a su hijo y eso parece ser una prueba de su amor hacia él. Sin embargo, al mismo tiempo está permitiendo que su hijo se retrase en su preparación para el momento cuando se le conceda la independencia al llegar a ser adulto. A los diez años, no quiere hacer nada que sea desagradable, puesto que nunca ha tenido que enfrentarse a ninguna dificultad. No sabe cómo «dar» a los demás, porque sólo ha pensado en sí mismo. Le resulta difícil tomar decisiones o autodisciplinarse de alguna forma. Pocos años después, llegará a la adolescencia sin estar preparado para las libertades y responsabilidades que encontrará en esa etapa de su vida. Finalmente, su futura esposa se enfrentará con algunas sorpresas desagradables y sólo pensar en lo que sucederá entonces me da escalofríos.

En su excelente libro titulado *Parents on the Run* [Padres apresurados], Marguerite y Willard Beecher describieron por primera vez el concepto que acabo de presentar. Ellos dicen (y yo estoy totalmente de acuerdo) que *los padres tienen que liberarse de su hijo, para que este pueda liberarse de ellos*. Piensa en esto por un momento. Si nunca te liberas de tu hijo, transfiriéndole

responsabilidades, entonces él también permanecerá irremediablemente atado a ti. Los dos se habrán amarrado en una
interdependencia paralizadora que impide el crecimiento y el
desarrollo.

En una ocasión, aconsejé a una madre cuyo esposo había
muerto cuando su único hijo, David, era un bebé. Había quedado con la tremenda tarea de criar sola a su hijo, la única persona
que le quedaba en el mundo, a quien amaba de verdad. Su
reacción fue mimarlo por completo. El niño tenía siete años
cuando ella vino a verme. Le daba miedo dormir solo en su
habitación. Se negaba a quedarse con ninguna persona que lo
cuidara en ausencia de su madre y hasta se resistía a ir a la
escuela. No se podía vestir solo y su comportamiento era totalmente infantil. En vez de quedarse en la sala de espera mientras
yo hablaba con su madre, se las arregló para encontrar mi
despacho y durante una hora permaneció agarrado al picaporte
de la puerta, lloriqueando y suplicando que lo dejáramos entrar.
Su madre entendió que esa situación era evidencia del temor
que su hijo sentía de que ella muriera como le había sucedido a
su padre. Su reacción fue mantenerlo más atado a ella, sacrifi-
cando así sus propias necesidades y deseos. No podía salir con
ningún amigo, ni invitarlo a que la visitara en su casa. No podía
participar en ninguna actividad, ni tener experiencias propias
de los adultos, sin que su hijo se le pegara. Como podemos ver,
nunca se había liberado de David, quien por su parte tampoco
se había liberado de su amorosa madre.

¿Has permitido que de una manera apropiada para su edad
tu hijo disfrute de libertad y asuma ciertas responsabilidades?
¿Acaso lo mantienes atado a ti por temor a que los problemas
emocionales y físicos pudieran hacerle daño? ¿Tienes miedo de
hacerlo trabajar porque se queja a gritos? Me he dado cuenta de
que este proceso de dependencia no siempre está motivado por
el admirable deseo de proteger al hijo. Muy a menudo, la madre
fomenta una relación de dependencia porque tiene sus propias
necesidades emocionales. Tal vez se haya esfumado el romance
de su matrimonio, dejando al niño como su única fuente de
amor. Quizá ha tenido dificultades para hacer amistades dura-
deras. Cualquiera que sea la razón, ella desea ser la persona más
importante en la vida de su hijo. (Estoy seguro de que la mamá
de David tenía esta necesidad.) Por lo tanto, lo atiende a cuerpo
de rey y se niega a obtener su libertad, con el fin de negarle a él

la suya. Conozco el caso de una madre y su hija que mantuvieron esta relación de dependencia mutua hasta que la madre falleció a los noventa y cuatro años. La hija, que entonces tenía setenta y dos, de repente se encontró soltera, sola y dependiendo de sí misma por primera vez en su vida. Es terrible experimentar en la vejez lo que los demás experimentan durante la adolescencia.

Como ya he indicado, esta vital tarea de ir dando libertad al niño no está limitada a los primeros años de su vida. Tiene la misma importancia a lo largo de todo el camino que lo conduce al comienzo de la edad adulta. Cada año debería tomar más decisiones que en los doce meses anteriores. Las responsabilidades diarias de rutina deberían ser puestas sobre sus hombros, a medida que pueda encargarse de ellas. Por ejemplo, un niño de siete años suele ser capaz de escoger la ropa que se va a poner ese día. También debería mantener su habitación en orden y tender la cama todas las mañanas. A un niño de nueve o diez años se le puede conceder más libertad, como por ejemplo, permitiéndole elegir los programas de televisión que desea ver (dentro de lo razonable). No estoy sugiriendo que los padres renunciemos por completo a nuestro liderazgo; más bien, creo que deberíamos pensar en la transferencia razonable y metódica de la *libertad* y la *responsabilidad,* con el propósito de que cada año nuestro hijo esté mejor preparado para el momento de completa independencia que habrá de llegar. En el diagrama en la siguiente página está representado el proceso de «soltar las riendas», proceso que dura veinte años. Se presentan ejemplos de la independencia que se le debe dar al niño a medida que crece.

Al llegar a este punto, quiero comunicar un mensaje muy importante, que concierne especialmente a los padres cristianos.

Por supuesto, los invitamos a todos a seguir leyendo, pero tal vez muchos no podrán comprender su profundo significado. He observado que el proceso de «soltar» a los hijos en la etapa final de la adolescencia, resulta más difícil para los padres que tienen profundas convicciones religiosas que para aquellos que no las tienen. Es más probable que los padres cristianos sean más conscientes de los peligros espirituales con que sus hijos se enfrentarán a medida que tengan más libertad y se preocupen por ellos. Esos padres tienen más razones para temer las consecuencias de las relaciones sexuales prematrimoniales, el casamiento con alguien que no sea creyente, el rechazo de la ética cristiana y otras desviaciones de la fe que les fue inculcada. Todo lo que los padres les enseñaron durante los primeros dieciocho años de su vida, será incorporado a los valores del nuevo adulto o será rechazado y arrojado por la borda. Por lo tanto, la importancia de esta decisión hace que muchos padres celosos se aferren fuertemente a su hijo que madura. Insisten en que haga lo que es correcto y exigen que sea obediente y leal. Le permiten tomar muy pocas decisiones importantes y tratan de inculcarle a la fuerza ciertas actitudes. Pero llega el momento en que esa clase de control es cosa del pasado. A menudo, el resultado es un gran resentimiento por parte del adolescente, que lo lleva a enfrentarse a sus padres de manera desafiante, aunque sólo sea para probar su independencia.

Una madre con esa actitud de permanecer firmemente aferrada a su hijo de veinte años, llamado Pablo, vino a consultarme acerca de él. Me dijo que no la obedecía como ella pensaba que debía hacerlo y el conflicto estaba literalmente enfermándola. Pablo había alquilado un apartamento en contra de su voluntad y lo compartía con un amigo que a ella no le gustaba; además, algunas personas lo habían visto con muchachas de dudosa reputación. También, la había amenazado con cambiarse de la universidad cristiana donde estudiaba a una local que no era cristiana y más o menos había renunciado a su fe.

«¿Qué puedo hacer? ¿Qué puedo hacer para enderezar a mi hijo?», me preguntó ella.

Le dije que el comportamiento de Pablo ya no era su responsabilidad, porque su labor como madre había concluido y que debía dejarlo en libertad. Le expliqué que sus regaños y sus ruegos probablemente aumentaban la actitud desafiante de su hijo, pues estaba desempeñando un papel «maternal» que ya no le correspondía y él resentía. Le sugerí que le escribiera una cariñosa carta diciéndole bien claro que, como madre, lo dejaba en libertad de una vez por todas.

Algunos días después, la mujer me trajo un borrador de la carta que había escrito, para que le diera mi aprobación. Pero no era lo que yo tenía en mente cuando le hice mi sugerencia. Lo que había escrito era una clara acusación, con la que le advertía a su hijo cuáles serían las consecuencias y exhortaba al joven descarriado a recuperar el buen juicio. Como era imposible corregir lo que ella había escrito, decidí escribir la carta por

NACIMIENTO
(ninguna responsabilidad)

- Duerme toda la noche
- Sostiene por sí solo el biberón
- Se sienta y gatea
- Aprende a caminar
- Obedece instrucciones sencillas

Lucha durante el tiempo en que el niño empieza a caminar →

- Aprende a ir al baño solo
- Recoge sus juguetes

Duración de la infancia

- Ayuda en las tareas de la casa
- Da de comer al perro
- Recibe una cantidad de dinero semanal
- Va de compras a una tienda de comestibles cercana
- Hace tareas en el hogar sin recibir retribución
- Escoge su ropa
- Cuida bebés o niños pequeños
- Vende periódicos
- Tiene su primera cita
- Se le permite regresar a casa una hora más tarde
- Tiene un trabajo los sábados
- Sale con muchachos o muchachas de su elección
- Más libertad con el automóvil
- Gasta su dinero como quiere

Terminación de la «transferencia»

- Fija su propio horario para regresar a casa
- Se le exigen pocas decisiones y se le da más independencia
- Se marcha del hogar de sus padres
- Conclusión de la responsabilidad de los padres

Joven adulto
(reponsabilidad total)

ella, quien la firmó y se la envió a su hijo. Con la autorización de esta madre, lo que sigue es la transcripción de la carta:

Querido Pablo:

Esta es la carta más importante de todas las que te he escrito hasta el momento y espero que la tomes con la seriedad que se merece. He meditado y orado mucho por lo que quiero decirte, y creo que lo que he decidido hacer es lo correcto.

Durante los últimos años, hemos vivido teniendo una lucha muy dolorosa. Has tratado de liberarte de mis valores y mis deseos para que vivas mejor, mientras he tratado de obligarte a hacer lo que ambos sabemos es lo correcto. Incluso, a riesgo de ser una regañona, he insistido en decirte que vayas a la iglesia, que escojas bien a tus amistades, que saques buenas calificaciones en la escuela, que vivas como un verdadero cristiano, que te prepares con sabiduría para el futuro, etcétera. Estoy segura de que te has cansado de escuchar mis consejos y advertencias, pero sólo he querido lo mejor para ti. Esa era la única forma que conocía para ayudarte a evitar que cometieras algunos de los errores que tantos otros han cometido.

Sin embargo, durante todo el mes pasado he pensado mucho en todo esto y creo que mi tarea como madre ha llegado a su fin. Desde el día en que naciste, todo mi afán fue hacer lo que era mejor para ti. No siempre tuve éxito; cometí errores y fracasé en muchos aspectos. Algún día sabrás lo difícil que es ser buenos padres y quizás entonces me entiendas mejor que ahora. Pero hay algo de lo que puedes estar seguro: siempre te amé y te sigo amando con toda mi alma. No puedo expresarte la profundidad de mi amor durante todos estos años, amor que no ha cambiado ni cambiará jamás, aunque nuestra relación de ahora en adelante ya no será la misma. ¡Desde este momento eres libre! Puedes rechazar a Dios o aceptarlo. De todos modos, serás tú quien tendrá que rendirle cuentas. Puedes casarte con quien quieras y no oirás ni una queja de mi parte. Puedes ir a la universidad que prefieras. Puedes fracasar o tener éxito en cada esfera de actividad de tu vida. En este momento se ha cortado el cordón umbilical.

No te digo todo esto con amargura o con enojo. Aún me importa lo que te ocurra y sigue preocupándome tu bienestar. Oraré por ti todos los días y si me pides algún consejo, te daré mi opinión. *Pero la responsabilidad ya no está sobre mis hombros sino sobre los tuyos.* Ya eres un hombre y tienes derecho a tomar tus propias decisiones, a pesar de las consecuencias. A lo largo de tu vida traté de inculcarte un sistema de valores que te preparara para este momento de madurez e independencia. Ese momento ha llegado y todo lo que hice ha quedado registrado en la historia.

Confío en ti, hijo mío. Tienes mucho talento y has sido bendecido de muchas diferentes maneras. Creo que Dios guiará tus pasos y tengo fe en el futuro. A pesar de los resultados, siempre tendré un amor muy especial en mi corazón para ti, querido hijo.

Con todo cariño,
Tu madre.

Cuando llegue el momento indicado, debemos comunicar un mensaje como este a nuestros hijos, ya sea en forma verbal o por escrito. Contamos con dieciocho o veinte años para inculcarles los mejores valores y actitudes. Luego, debemos apartarnos y confiar el resultado final a la dirección divina. Y lo más sorprendente es que hay más probabilidades de que un adulto tome buenas decisiones cuando no tiene que luchar para que se respete su independencia y su madurez.

La historia bíblica del hijo pródigo, en el Evangelio de Lucas, nos da un magnífico ejemplo que debiéramos imitar. El padre sabía que su hijo malgastaría el dinero y viviría con prostitutas. Se imaginaba que cometería muchos errores y que posiblemente terminaría destruido. Sin embargo, ¡permitió que el joven se fuera de la casa! No lo amarró a un árbol y ni siquiera lo condenó verbalmente. Tampoco lo sacó de apuros cuando fracasó en tierras lejanas. El amor con que el padre se despidió de su hijo, hizo posible que él regresara después de haber arruinado su vida. Sería muy bueno que nosotros imitáramos el ejemplo amoroso de este padre.

En resumen, nuestra tarea final para fomentar la autoestima de nuestros hijos, es transferir las responsabilidades de encima de nuestros hombros a los de ellos. Debemos comenzar a hacer esto con las sencillas tareas de la infancia y terminar con su emancipación alrededor de los veinte años de edad. «Soltar» a los hijos no es fácil, pero tenemos que hacerlo si deseamos ser buenos padres.

Preguntas y respuestas

(1) *Puede ayudarme a entender mejor la diferencia entre el comportamiento irresponsable y la conducta desafiante en mis hijos? ¿Por qué esa distinción es importante para mí como padre?*

La diferencia tiene que ver con la *intención* del hijo, lo cual es muy importante para decidir cómo el padre o la madre debe responder a su comportamiento. Supongamos que Juanito está haciéndose el gracioso a la hora de comer y derrama el vaso de leche. No fue su intención volcarlo, pero lo hizo. O tal vez deja su bicicleta afuera en la lluvia o pierde sus libros escolares. Ese comportamiento es resultado de su irresponsabilidad infantil y debe ser tratado en la debida forma. Opino que sería un error darle nalgadas por comportarse como un niño. Más bien, estos acontecimientos presentarían la oportunidad de enseñarle a ser más responsable. Se le podría obligar a hacer alguna tarea como compensación por el daño causado o por algún tiempo no permitirle utilizar el objeto del cual hizo un mal uso. Sin embargo, creo firmemente que no se le debe pegar a un niño por errores que haya cometido o por comportarse incorrectamente sin saberlo, a menos que se trate de algo que pudiera ser muy peligroso, como por ejemplo: jugar en medio de la calle o sacar cosas del botiquín.

Por contraste, el comportamiento desafiante es muy diferente de la irresponsabilidad infantil. Está relacionado con una actitud voluntariosa. Es totalmente premeditado. En pocas palabras, es intencional y merece una acción disciplinaria inmediata.

Quizás, una ilustración ayude a comprender mejor lo que estoy diciendo. Cuando mi hija tenía cinco años de edad, alguien le regaló una pequeña marmota para Navidad. Como ella quiere mucho a los animales, se encariñó de todo corazón con el animalito. Sin embargo, pronto me di cuenta de que le faltaba la responsabilidad necesaria para cuidarlo adecuadamente. Varias veces le advertí que mantuviera cerrada la puerta de su jaula y que le diera suficiente agua y comida. A pesar de todo lo que le había dicho, cuando un día regresé a casa me encontré a mi hija exhausta y con los ojos enrojecidos de llorar. Como era de esperar, había dejado la puerta de la jaula abierta y Siggie (por Sigmund Freud), nuestro famosísimo perro salchicha, había enviado a mejor mundo al pobre animalito. Cuando mi hija encontró su endurecido y ensangrentado cuerpecito cerca de la jaula, se le partió el corazón.

   ¿Qué era lo que yo debía hacer en ese momento? Le había dicho en repetidas ocasiones cómo tenía que cuidar del animalito, pero no lo había hecho. Sin embargo, hubiera sido incorrecto de mi parte castigarla por ese error. La tomé en mis brazos y la mantuve apretada contra mi pecho hasta que dejó de llorar. Luego le dije suavemente: «Danae, tú sabes que te dije lo que ocurriría si no cuidabas bien a tu marmota. Pero estabas pensando en otras cosas y ahora está muerto. No estoy enojado contigo, porque no has hecho nada malo intencionalmente. Te has comportado de manera infantil y no te lo puedo reprochar porque *eres* una niña. No obstante, quiero que entiendas algo. Te advertí que la cuidaras porque no quería que *tú* sufrieras. Insistí en que hicieras las cosas bien para evitarte el dolor que ahora sientes. Ahora bien, habrá muchas otras ocasiones en las que te advertiré, enseñaré y exhortaré para que hagas algo, y también lo haré para protegerte de los sufrimientos que la vida puede causarte. Es muy importante que me veas como tu amigo y sepas que cuando te digo que hagas algo es porque te amo, y puedo ver peligros que todavía eres incapaz de percibir. Si aprendes a prestar atención a lo que te digo, serán menos las veces en que te sientas tan triste como te sientes ahora».

   Mi respuesta al comportamiento de Danae fue motivada por su *intención*. No me había desafiado deliberadamente y por lo tanto no merecía que la castigara. De la misma manera, todos los padres y las madres deben conocer a sus hijos bastante bien como para hacer una evaluación instantánea de este importante factor y reaccionar de la manera debida.

(2) *¿Cómo puedo enseñarle a mi hijo de catorce años de edad
el valor del dinero?*

Un buen sistema es darle suficiente dinero para cubrir una
necesidad en particular y dejarle que lo administre. Puedes
comenzar poniendo a su disposición, cada semana, una cantidad de dinero que deberá ser usada por él para comer en la
escuela. Si lo malgasta con una amiga durante el fin de semana,
entonces es su responsabilidad hacer algún trabajo en la casa
para ganar un poco de dinero y poder comer en la escuela o
tendrá que pasar hambre. Esta es la fría realidad que deberá
enfrentar más tarde en la vida. Y no le hará daño aprender la
lección por experiencia propia, mientras todavía es un adolescente.

Debo decir, que se sabe que este principio ha fallado en
algunas ocasiones. Un médico amigo mío tiene cuatro hijas y
cada vez que una de ellas cumple los doce años de edad, le da
una cantidad de dinero anual para comprarse su propia ropa.
Desde ese momento en adelante es responsabilidad de las muchachas hacer un presupuesto, para que el dinero les alcance y
puedan comprar toda la ropa que necesiten. Sin embargo, la
última de ellas en cumplir los doce años no fue suficientemente
madura como para encargarse de la tarea. Celebró su cumpleaños comprándose un costoso abrigo, lo cual redujo enormemente sus fondos. Para la siguiente primavera no le quedaba ni un
centavo y los últimos tres meses del año tuvo que ponerse
medias hechas trizas, pantaletas agujereadas y vestidos deshi-
lachados. Fue difícil para sus padres el no intervenir, pero
tuvieron el suficiente valor como para dejarla aprender esta
valiosa lección sobre la administración del dinero.

Quizás, tu hijo nunca ha aprendido el valor del dinero
porque lo obtiene con demasiada facilidad. Todo lo que abunda
termina siendo de poco valor. Te sugiero que limites la cantidad
de dinero que le des y le hagas mucho más responsable de la
manera en que lo gasta.

(3) *Tenemos un hijo de ocho años de edad muy inconstante
y activo, que tiembla ante la sola idea de trabajar. Su
habitación es siempre una zona de desastre y puede permanecer sentado durante horas mirando un trabajo por hacer.
¿Cómo podemos enseñarle a ser más responsable?*

Su hijo es uno de millones de niños que a esa edad se sienten deprimidos con sólo pensar en algún trabajo que deben hacer. Sin embargo, no es demasiado joven para enseñarle el significado de la autodisciplina. Les sugiero que pongan en práctica el siguiente plan:

(1) Bien temprano, mañana por la mañana, siéntate junto a tu hijo y dile que le vas a enseñar cómo se debe trabajar, porque ésa es una de las tareas que te corresponden como padre o madre. Tal vez quieras leerle Proverbios 6.6-11, donde se describe la importancia del trabajo.

(2) Llévalo en una «excursión» por su zona de desastre, llamándole la atención a lo desordenado que él ha sido. Esta conversación debe llevarse a cabo sin hacer acusaciones. Se trata, simplemente, de que ha llegado el momento de que él aprenda algo nuevo.

(3) Haz una lista de las tareas que diariamente debe realizar en su habitación y colócala en un lugar visible. Explica detalladamente lo que se espera de él. Permítele que escoja las tareas que va a realizar y que cada una tome aproximadamente una hora diaria.

(4) Para alguien que está acostumbrado a holgazanear, es preciso aprovechar hasta el último gramo de energía motivadora. Por lo tanto, debes recurrir a las dos cosas que «mueven» a los niños: darle alguna ganancia por hacer bien su trabajo y privarlo de algo por hacerlo mal. Mientras mayor sea la distancia entre estas dos opciones, más dispuesto estará a aceptar sus nuevas responsabilidades. Por ejemplo, te sugiero que dibujes un termómetro de veinte centímetros de longitud, tal como se muestra en la ilustración, más adelante.

Al lado izquierdo del dibujo se marca la tarifa de acuerdo con la cual se le pagará por su trabajo. Debes fijar los honorarios a un nivel adecuado a su edad. Al lado derecho del dibujo se anotan la cantidad de horas trabajadas. Todos los días, el niño hace una marca en el termómetro, con un lápiz amarillo o rojo, yendo hacia arriba a una meta señalada. En la parte superior del termómetro se coloca un dibujo del objetivo a alcanzar, ya sea un disco fonográfico, una caña de pescar o cualquier otra cosa que él desea muchísimo.

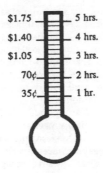

Para los casos de niños irresponsables es necesario utilizar un segundo sistema junto con éste: tiene que haber una razón para no rechazar el ofrecimiento (haciendo uso del estímulo tanto positivo como negativo). Para lograr este propósito, dile a tu hijo: «He ideado este sistema del termómetro para ayudarte a disfrutar del trabajo, porque no quiero que te sientas triste. Pero no puedes escoger aceptarlo o rechazarlo. De algún modo, voy a enseñarte a trabajar. Si no lo hiciera así, habría fracasado en una de las más importantes tareas que como padre (o madre) tengo que realizar. Así que, éste es el convenio: tendrás los sábados totalmente libres. No tendrás que hacer ninguna tarea el sábado, siempre y cuando hayas cumplido con tus obligaciones durante los otros cinco días de la semana. Todas las cosas de tu lista que no hagas en los días correspondientes, tendrás que hacerlas el sábado, sin paga. Como puedes ver, si no haces nada durante los cinco días de la semana, me deberás cinco horas de trabajo gratis el sábado. Si realizas todo tu trabajo durante la semana, recibirás tu dinero y el sábado será para que lo disfrutes. Tienes libertad de escoger cómo va a ser todo».

Hay tres cosas esenciales para que este sistema funcione. La ausencia de cualquiera de ellas hará que todo sea un fracaso: (1) No regañes, ni ruegues, ni presiones. La responsabilidad es de tu hijo, no tuya. Está bien que se lo recuerdes una vez, pero la meta es lograr que haga las cosas por su propia iniciativa. Debes hablar de esto con tu hijo al comienzo. (2) Cuando no cumpla con sus obligaciones, sin causa justificada, tienes que ser duro con él y obligarlo a trabajar el sábado para compensar el tiempo perdido. Esa debe ser una experiencia sumamente dolorosa. Si te rindes en ese momento y no sigues adelante con el plan, no podrás utilizar después el incentivo de este estímulo negativo. ¡Y es muy probable que lo necesitarás! Y (3) Asegúrate de que la meta colocada en la parte superior del termómetro es algo que tu hijo desea tener ansiosamente. Y una vez que se lo gane, dáselo inmediatamente.

Hay personas que se oponen a esta clase de programa estructurado para un niño y prefieren que este trabaje por el puro placer de hacerlo. Quisiera que todos los niños fueran suficientemente nobles para hacerse cargo de responsabilidades sin ninguna presión exterior y sin recompensa. Pero la realidad es que algunos niños no harán absolutamente nada durante dieciocho años, a menos que se utilice con ellos un sistema que sólo tiene una puerta de salida: la de la responsabilidad. Si tienes esa clase de hijo, debes poner en práctica este sistema o resignarte a su lentitud.

Estrategia #9
Prepararse para la adolescencia

Ahora consideraremos esa etapa de la vida que se distingue por los muchos dolores de cabeza y que se llama «adolescencia». Sería difícil para mí decir si las tensiones de los años de la adolescencia son más grandes para el joven o para los demás miembros de la familia. Este período de la vida trae algo doloroso para todos. Pero hay distintas formas en las que se puede reducir su impacto y con ese fin presentaré algunas sugerencias en esta sección.

La razón principal por la cual la adolescencia es tan inquietante es que los jóvenes no entienden plenamente lo que les ocurre. Muchos de sus temores, ansiedades y desalientos podrían evitarse por medio de un simple programa educativo. Por eso, desde hace tiempo recomiendo a los padres que preparen a sus hijos preadolescentes para los acontecimientos que habrán de ocurrir. Es aconsejable que cuando el hijo o la hija tenga diez años, y nunca más tarde que a los once, el padre o la madre inteligente dé un viaje de fin de semana con ese hijo o hija en particular. Lo ideal sería que fueran a la playa o a las montañas, o a algún lugar cercano donde nadie les moleste o interrumpa.

Probablemente, sería mejor que el padre hable con los hijos varones y la madre con las hijas; aunque es posible que en algunas familias los sexos opuestos puedan comunicarse mejor. Esos tres días juntos serían dedicados a explicar las experiencias de la adolescencia. Su conversación debería ir mucho más allá de la absurda charla sobre las aves y las abejas, que termina convirtiéndose en una tensa y nerviosa disertación sobre los hechos concernientes a la reproducción, que el niño ya sabía, por lo menos, desde tres años atrás. Más bien, lo que estoy recomendando es que los padres presenten un panorama, cuidadosamente planeado, de los cambios físicos, emocionales y sociales que están a punto de producirse.

También recomiendo que el padre o la madre tome notas bien detallas durante ese fin de semana. Él o ella debería anotar cada uno de los puntos tratados respecto a los extraordinarios cambios que ocurrirán en el cuerpo del niño, las nuevas demandas que socialmente serán puestas sobre él, la tensión que probablemente va a producirse entre él y sus padres, y cómo todo ello es parte de su crecimiento y de llegar a ser independiente. Se debe hacer una lista de las ideas equivocadas que son tan comunes entre los adolescentes, así como de los asuntos que más les preocupan a ellos. También, deben hablar brevemente de la confusión espiritual que ocurre frecuentemente durante el tiempo de la adolescencia; y para terminar, deben concentrar la atención en las ocupaciones y carreras de entre las cuales finalmente el hijo tendrá que escoger la suya. El propósito de anotar todo lo que se diga en estas conversaciones es que el niño no va a recordar mucho de lo que se le haya dicho. Durante los años que siguen se le van a olvidar las palabras que su padre o madre le hayan dicho. Así que, se deben guardar las notas en un lugar en el que se tengan a mano cuando se necesiten. Varios años después, cuando el hijo se sienta desanimado, rechazado, enfermo de amor, sentimental y ansioso, se deben sacar las notas y volver a hablar con el adolescente de lo que se había escrito antes. Entonces, el padre o la madre, podrá decirle: «Ya ves, las cosas que estás experimentando fueron anticipadas años atrás. Se podían predecir con tanta exactitud como la salida del sol cada mañana, porque todo es parte de la transición entre la infancia y la madurez». Luego, el padre o la madre señala al final de la lista, donde dice: «¡La normalidad regresará!» Se le debe decir que así como los acontecimientos inquietantes de la adolescencia pudieron predecirse con exactitud, su final puede ser pronosticado con la misma seguridad.

Si el joven puede ver las pruebas de la adolescencia como una fase temporal por la que todos tienen que pasar, entonces su aflicción será más tolerable. Pero la inclinación natural de la mente inmadura es pensar que el día de hoy durará para siempre. «Mi situación es terrible y jamás cambiará. No hay salida. No existe ninguna solución y nadie entiende». Un padre o una madre bondadoso puede desactivar estos pensamientos destructivos.

Pero muchos padres tendrán un problema con esta recomendación. Antes que puedan enseñarles a sus hijos los detalles de la adolescencia, ellos mismos deben *conocerlos*. Siempre que he sugerido este programa educacional a grupos de padres, me han pedido que les dé más información acerca de las lecciones que deberían impartir. Por lo tanto, la siguiente sección está dedicada principalmente a satisfacer esa petición. Mezcladas con la descripción que haré se encuentran distintas sugerencias para los años de la adolescencia. Sería bueno que le leas a tu hijo algunas partes de esta sección o que utilices estas recomendaciones para crear tu propio método.

¿Qué es la adolescencia?

Todos estamos familiarizados con el término «adolescencia», pero muchas personas tienen una idea equivocada del mismo. No es un término físico, que digamos. No significa: «la etapa de la vida cuando el niño madura sexualmente». Esa definición corresponde a la «pubertad». La adolescencia es un *término cultural* y significa la época entre la niñez y la edad adulta en una sociedad en particular. Es el período en que la persona no disfruta de los privilegios de la niñez, ni de la libertad de la edad adulta.

La duración de la adolescencia varía notablemente de una sociedad a otra. Por ejemplo, en algunas tribus primitivas, *no* existe la adolescencia en absoluto. Un día, se trata al niño o niña que ya ha llegado a la pubertad, como si fuera una criatura, permitiéndosele jugar, sujeto a los deseos de sus padres. Y al día siguiente, se le somete a los ritos tradicionales de la pubertad, tal vez teniendo que pasar la noche solo en la selva buscando a un animal imaginario. Cuando regresa al hogar, es un adulto hecho y derecho. Interviene en las batallas, trabaja con los otros adultos y disfruta de la categoría y el respeto de la madurez. Por lo tanto, no existe una fase intermedia para estos jóvenes.

Por contraste, nosotros en el mundo occidental tenemos el más largo período de adolescencia en la historia de la humanidad y a esto se debe gran parte del descontento relacionado con esta etapa de la vida. Durante un período terriblemente largo, nuestros hijos están carentes de categoría y respeto. Se sienten molestos por la situación difícil en que se encuentran y yo puedo entender completamente su frustración. Todo lo que hacen los adultos está prohibido para el joven que tiene quince años. No puede manejar. No puede casarse. No puede pedir dinero prestado en el banco. No puede beber (legalmente). No puede tomar su propias decisiones. No puede votar. Y no puede satisfacer sus deseos sexuales durante un período de enorme excitación. En realidad, lo único que puede hacer es permanecer en la escuela, le guste o no le guste. Los adultos sabemos que esto debe ser así, pero muchas veces el adolescente interpreta todas estas prohibiciones como una evidencia de falta de respeto hacia ellos.

Esta etapa intermedia suele durar mientras que el individuo dependa económicamente de sus padres. Así que, en algunos casos, los padres de un hombre de veinticinco años de edad, que acaba de graduarse, no le han concedido totalmente la categoría de adulto. Sin embargo, generalmente la adolescencia dura desde los trece hasta los veintiún años en los varones y de los doce a los veintiuno en las mujeres (terminando antes si se casan o dejan de estudiar). Es evidente que nueve o diez años es un largo tiempo para estar privado de privilegios por la sociedad, lo cual es causa de parte de la rebeldía manifestada en ese período.

Como sé que los jóvenes suelen irritarse debido a su falta de categoría en el mundo de los adultos, quiero ofrecer esta importantísima sugerencia a los padres de los adolescentes: trátenlos con genuino respeto y dignidad. Que tu manera de comportarte con él muestre que lo aceptas como persona, haciéndolo sentir mayor de lo que es. ¿Quiere decir esto que debemos evitar actuar con firmeza con nuestro hijo adolescente cuando ha desafiado nuestra autoridad o ha traspasado límites razonables? Seguro que no. Es posible tratar con respeto a un hijo, aun cuando sea necesario castigarlo. Durante los años que fui maestro escolar, a veces con una asistencia diaria de 225 adolescentes en el aula, me di cuenta de que los jovencitos tolerarán toda clase de reglas y restricciones, siempre y cuando no ataquemos sus egos. Pero si les hacemos sentir infantiles y tontos, debemos prepararnos para enfrentarnos a su ira y su hostilidad. Se podría eliminar gran parte de la contienda entre padres e hijos, si la relación entre ellos estuviera llena de respeto mutuo.

Examinemos ahora, los otros temas de los cuales se debe hablar con el niño durante los meses inmediatamente antes de la adolescencia.

La adolescencia es una etapa de sorprendentes cambios físicos

Se debe informar a todos los preadolescentes de los rápidos cambios que están a punto de producirse en sus cuerpos. Al adulto que alguna vez se desveló debido a una protuberancia no identificada u otros síntomas sospechosos, le resulta fácil imaginarse cómo se siente un jovencito cuando todo se descontrola súbitamente. He descubierto que los adolescentes mal informados se dividen en dos grandes categorías: (1) El primer grupo está formado por los que no sabían que esos cambios físicos iban a producirse y se preocupan enormemente por lo que ven que les ocurre. (2) Los del segundo grupo son aquellos que estaban enterados de que supuestamente ciertos rasgos deberían aparecer y se encuentran ansiosos porque los cambios no acaban de ocurrir. Ya sea que tu hijo exprese o no en voz alta sus temores, es muy probable que está haciéndose muchas preguntas que lo hacen sentirse bastante nervioso: ¿Significa este dolor que siento en los senos que tengo cáncer? ¿Por qué estoy cansado todo el tiempo? Los muchachos mayores tienen pelo en la parte inferior, ¿por qué no lo tengo yo? ¿Soy normal? ¿Tendré siempre el aspecto de un niño? ¿Por qué siento calambres y dolores en el estómago? ¿Podría morir desangrada? ¿Qué le ocurre a mi voz? Las dudas y los temores son interminables, pero podrían evitarse por medio de la instrucción saludable y confiada de los padres. La lista que sigue, presenta algunos de los temas que deben ser considerados antes de la adolescencia:

(1) Ocurrirá un rápido crecimiento que habrá de dejarlo agotado. El adolescente necesitará dormir más y comer mejor que cuando era más joven.

(2) Dile a tu hijo que su cuerpo cambiará rápidamente para transformarse en adulto. Sus órganos sexuales se desarrollarán y quedarán rodeados de pelo púbico. (En el caso de los varones, se debe enfatizar que el tamaño del pene no tiene ninguna importancia. Muchos jóvenes se preocupan tremendamente porque tienen un órgano más pequeño que el de sus amigos y compañeros, pero eso no tiene nada que ver con tener hijos o experimentar satisfacción sexual cuando sea un adulto. En cuanto a las niñas, se les debe hablar de la misma manera acerca del desarrollo de sus pechos.)

(3) Es muy importante que antes que ella tenga su primer período, le aclares a tu hija todos los detalles del ciclo menstrual. Para una niña es una cosa aterradora el experimentar este aspecto de la madurez sin estar prevenida. Es muy útil el uso de libros y películas, que se pueden obtener y que ayudan a explicar este notable acontecimiento relacionado con su desarrollo. La responsabilidad más importante del padre y de la madre es impartirle confianza y optimismo acerca de la menstruación, en vez de decirle con caras tristes: «Esta es la cruz que, como mujer, tendrás que llevar a cuestas».

(4) Es muy importante que le hables a tus hijos del momento en que habrá de comenzar la pubertad, porque gran parte de la aflicción y de la angustia que experimentará tiene que ver con ella. Este período de acelerado desarrollo sexual puede ocurrir tan temprano como a los doce años o tan tarde como a los diecinueve en los muchachos y de diez a diecisiete años en las muchachas. ¡Así que para algunos niños puede llegar siete años antes! Y los jóvenes que se desarrollan muy temprano o muy tarde suelen enfrentarse con algunos problemas sicológicos desconcertantes. Hay cuatro extremos que deben ser considerados:

El muchacho que tarda en madurar. Este jovencito sabe perfectamente que todavía es un niño cuando sus amigos ya han crecido. Cuando contesta el teléfono, ¡la persona que llama le dice: «Señora»! ¡Qué insulto! Tiene mucho interés en los deportes, pero no puede competir con los muchachos de su edad porque son más grandes y fuertes que él. En la ducha del gimnasio los otros se burlan de su falta de madurez sexual y su autoestima desciende enormemente. Y por si esto fuera poco, ¡es más bajo de estatura que la mayoría de las muchachas! (Ellas ya tuvieron su «estirón» mientras que él no ha tenido el suyo.) Teme que hay algo que anda muy mal con él, pero no se atreve a decírselo a nadie. Eso es algo que lo hace sentirse muy avergonzado. A menudo, este muchacho que tarda en madurar, puede ser el peor alborotador de la escuela, porque quiere probar de distintas maneras que es un hombre.

La niña que tarda en madurar. La vida no es más fácil para la niña cuyo reloj interno está atrasado. Ella mira su pecho plano y luego lanza una rápida mirada a sus amigas que tienen sus senos bastante desarrollados. Durante dos o tres años, sus amigas han estado hablando de sus menstruaciones, pero ella no puede participar en sus conversaciones. Todo el grupo de niñas le ha dado el nombre de «cara de bebé» y en verdad no parece que tiene más de ocho años. Al recordar el papel que el atractivo físico representa en la autoestima, podemos darnos cuenta de que los sentimientos de inferioridad pueden agobiar al niño o a la niña que tarda en desarrollarse, aunque sea atractivo o atractiva. Y a menos que alguien les diga lo contrario a esos niños, es muy probable que lleguen a la conclusión de que nunca van a madurar.

La niña que madura muy temprano. Como tardar en madurar es una desventaja, uno podría pensar que lo opuesto sería emocionalmente saludable. Pero no es así. En vista de que las niñas suelen tener la tendencia a desarrollarse sexualmente uno o dos años antes que los niños, la niña que entra en la pubertad antes que otras, se encuentra kilómetros delante de todos sus amigos y amigas de su edad. La fuerza física que tiene no le ofrece ninguna ventaja verdadera y sencillamente no es aceptable que a la edad de diez años ella esté loca por los muchachos. Durante dos o tres años se sentirá incómoda y no irá al paso de todos sus compañeros y compañeras de la misma edad.

El niño que madura muy temprano. En contraste, el varón que madura antes que los demás de su edad, tiene una gran ventaja social. Es robusto en un momento en el que la fuerza física es admirada por sus compañeros y su confianza sube muy alto, según sus triunfos en los deportes son anunciados. Su temprano desarrollo lo coloca en el mismo nivel de las muchachas de su clase, quienes también están despertándose sexualmente. Así que todo el terreno es suyo durante uno o dos años. Investigaciones que se han realizado, confirman que el muchacho que madura más temprano es emocionalmente más estable, tiene mayor confianza en sí mismo y es más aceptado socialmente que los otros. Además, esas investigaciones muestran que también es más probable que tenga más éxito cuando sea adulto.

Cuando hables de estos extremos con tu hijo preadolescente, debes hacer un esfuerzo para asegurarle que es normal para algunos jóvenes adelantarse o atrasarse en su desarrollo. Eso no quiere decir que algo ande mal con sus cuerpos. Si verdaderamente él tarda en madurar, necesitará que en los años venideros se le aliente aun más. Por último, durante esta conversación se debe tratar de abrir la puerta de la comunicación acerca de los temores y las ansiedades relacionados con el desarrollo físico.

Y antes de continuar adelante debo mencionar otro aspecto de la fisiología del adolescente. Según las estadísticas, hoy en día los niños crecen hasta una estatura más alta que en el pasado, debido probablemente a una mejor alimentación, a los medicamentos, a los ejercicios físicos, al descanso y a la recreación. Y esta mayor estatura ha tenido una interesante consecuencia: la madurez sexual se está produciendo a una edad cada vez más temprana. Aparentemente, la pubertad comienza cuando él niño alcanza cierto nivel de crecimiento. Por lo tanto, cuando las circunstancias ambientales aceleran su crecimiento a un ritmo más rápido, madura sexualmente mucho antes. Por ejemplo, en 1850 la edad promedio de la primera menstruación en las muchachas noruegas, era de diecisiete años; en 1950 fue de trece años. En un siglo se produjo una reducción de cuatro años en la edad promedio de la pubertad. En los Estados Unidos la edad promedio de la primera menstruación, descendió de 14,2 años en 1900 a 13,0 en 1950. Cifras más recientes indican que la edad promedio ha descendido más, ¡acercándose ahora a doce años y medio! Así que, parte de la tendencia que los muchachos y las muchachas tienen a salir juntos y a tener un despertamiento sexual, a una edad más temprana, es resultado de este mecanismo fisiológico. Me imagino que podríamos retrasarlo, si cuidásemos menos a nuestros hijos, pero dudo que esa idea contaría con mucho apoyo.

La adolescencia es una etapa de sentimientos de inferioridad

Es preciso explicarle al preadolescente el significado de los sentimientos de inferioridad y advertirle acerca de su impacto. Debe comprender que estos son una cruz que la mayoría de los adolescentes llevan a cuestas innecesariamente, aunque parezcan estar contentos. No hay ningún otro servicio mejor que los padres puedan prestarle, a su hijo preadolescente, que el de «desactivar» la crisis de la autoestima antes que esta llegue, mostrándoles que es universal y temporal. El padre o la madre debe decirle: «Casi todos los adolescentes se sienten inferiores y puede ser que eso te suceda a ti. Y de ser así, recuerda que es parte del proceso de crecimiento y realmente no tiene mucho que ver con el verdadero valor personal».

Creo que con toda franqueza se debe hablar con el joven de los falsos valores que he descrito en este libro. Si de antemano sabe qué clase de dolor va a experimentar, puede protegerse contra el mismo. Por el contrario, el jovencito al que nunca se le dice nada acerca de los sentimientos de inferioridad, es atacado inesperadamente por un profundo pesimismo que surge de la terrible oscuridad de la adolescencia. Y eso no tiene que ocurrir inevitablemente.

La adolescencia es una etapa de conformidad

La presión para seguir los caprichos del grupo (llamado el instinto gregario) nunca es tan grande como durante los años de la adolescencia. La presión que se ejerce sobre el adolescente es tan fuerte que si se desvía del comportamiento de moda eso sería visto como una infracción muy seria de las normas de conducta. Y en esta presión existe una verdadera tiranía. Si el grupo anuncia que cierta clase de pantalones pasaron de moda, pobre del muchacho que no reciba el mensaje a tiempo. Si una muchacha habla o camina de una manera rara, es muy probable que se burlarán de ella continuamente. Por lo tanto, todos los adolescentes saben que sólo pueden evitar el ridículo si permanecen dentro de los límites señalados por la opinión general. El jovencito cuyas necesidades emocionales y falta de confianza en sí mismo son enormes, no se atreve a correr el riesgo de desafiar la voluntad de la mayoría, ni en las cosas más insignificantes.

La influencia de la presión de los compañeros quedó muy bien ilustrada en un estudio de adolescentes dirigido por Ruth W. Berenda. Ella y sus colaboradores llevaron a una habitación a diez adolescentes y les dijeron que iban a estudiar su percepción, es decir, su capacidad visual. Para llevar a cabo tal estudio, les mostrarían tarjetas, en cada una de las cuales, habían trazado tres líneas. Las líneas eran de diferente largo y estaban marcadas con las letras A, B y C, tal como se ve en las siguiente ilustracion. La línea A era la más larga en algunas de las tarjetas, mientras que las líneas B o C eran más largas en las otras. Al mostrarles las tarjetas, la investigadora señalaría la A, B y C consecutivamente, pidiéndoles a los estudiantes que levantaran la mano cuando el puntero señalara la línea más larga. Las instrucciones eran simples y las repitieron varias veces: «Levanten la mano cuando señalemos la línea más larga». Pero lo que un estudiante no sabía, era que a los otros nueve les habían dicho con anterioridad que siempre levantaran la mano cuando se señalara la segunda línea más larga. El propósito era probar el efecto de la presión de grupo sobre el individuo que se sentía solo.

A _____	A _____	A ____
B _____	B _____	B _____
C _____	C ____	C _____

El experimento comenzó con nueve adolescentes escogiendo intencionalmente la línea equivocada. El alumno objeto de la prueba típicamente echaba una mirada a su alrededor, fruncía el ceño confundido y levantaba la mano con el resto del grupo. Se repetían las instrucciones y se levantaba en alto la siguiente tarjeta. Una y otra vez, el tímido alumno decía que las líneas cortas eran más largas que las líneas largas, simplemente porque le faltaba el valor necesario para desafiar al grupo. Esta extraordinaria conformidad ocurre en aproximadamente setenta y cinco por ciento de los casos y sucede tanto con los niños pequeños como con los estudiantes de escuela secundaria. Berenda llegó a la conclusión de que: «Algunas personas prefieren estar de acuerdo con la mayoría a estar en lo cierto», lo cual, sin duda alguna, es una opinión totalmente acertada.

El deseo de parecerse a los demás adolescentes y pensar como ellos, les causa problemas a los que no pueden conformarse. Conocí a una joven de quince años de edad, que se negó a admitir que tenía un impedimento. No aceptó la ayuda de una maestra especializada, provista por la escuela y sus padres no podían convencerla de que usara un bastón blanco. El caminar por los corredores de la escuela golpeando con un bastón la señalaba como una persona distinta de sus compañeros y no podía tolerar esa distinción. La observé un día mientras se dirigía a su próxima clase, con la cabeza erguida como si supiera por dónde tenía que ir. Antes que pudiera detenerla, chocó contra un poste. Ni siquiera esta experiencia la convenció de que debía usar algo que los demás adolescentes no necesitaban.

De un modo parecido trabajé con los padres de un niño de segundo grado escolar, que padecía de un problema auditivo. Sencillamente, no permitió que le pusieran un audífono. Prefería estar sordo a ser distinto de los demás. La conformidad es una fuerza poderosa para los niños de todas las edades. ¡Y también los adultos estamos expuestos a su influencia! ¡Ni siquiera podemos peinarnos el cabello como queramos, porque todo el mundo sabe que el cabello aplastado está pasado de moda! Nada podría ser más humillante que caminar por las calles de la ciudad con nuestro cabello brillando bajo la luz del sol por el aceite que le pusimos. ¡Ni pensarlo!

Antes de pasar a otro tema, debo mencionar el hecho de que durante la adolescencia esa presión de los compañeros tiene que ver, al menos en parte, con la tensión que existe entre padres e hijos y con la disminución de la influencia de los padres sobre sus hijos. He visto a algunos padres sentirse heridos, porque de pronto su hijo adolescente parecía avergonzarse cuando estaba con ellos. Una madre podría decir: «Estuve al borde de la muerte para traer a este hijo al mundo y después que ha crecido se siente avergonzado de que lo vean conmigo». Ella debería entender que los adolescentes tienen un profundo deseo de ser adultos y les ofende todo lo que sugiera que aún son niños. Por ejemplo, cuando el viernes por la noche sus amigos los ven con «mamá y papá», eso es una humillación casi insoportable. No es que realmente estén avergonzados de sus padres; se sienten apenados por la relación entre adulto y niño que era más apropiada cuando eran pequeños. Sería muy bueno que los padres aceptaran este saludable aspecto del crecimiento, sin ponerse a la defensiva.

Mi propia madre comprendió bien este proceso y lo utilizó muy adecuadamente. Cuando yo estaba en el noveno grado, descubrí de repente que era mucho más divertido hacerme el tonto en la escuela que trabajar y cooperar. Así que, durante ese año jugué, me reí e irrité a mis maestras. Pero no engañé a mi mamá. No sé cómo obtuvo la información, pero supo lo que estaba haciendo. Así fue que un día, me hizo sentar en una silla y me dijo: «Sé lo que estás haciendo en la escuela. Sé que no haces nada más que estar jugando y causando problemas. Sin embargo, he decidido no hacer nada al respecto. No te voy a castigar, ni amenazar, ni tampoco voy a hablar con el director. *Pero si llegaran a llamarme de la escuela,* te acompañaré al día siguiente. Te seguiré a todas tus clases y me sentaré al lado tuyo. Te tomaré de la mano y estaré contigo todo el día por dondequiera vayas. No te olvides de lo que acabo de decirte, porque puedes estar seguro de que lo cumpliré al pie de la letra».

¡Créeme, estimado lector, eso me enderezó inmediatamente! Hubiera sido un suicidio social que mi madre me hubiera seguido por los pasillos y las aulas de la escuela secundaria. ¡Habría preferido que me pegara a que fuera conmigo a la escuela! Estoy seguro de que mis maestras se preguntaron por qué mi comportamiento cambió tan drásticamente cuando casi iba a cumplir quince años.

En resumen, es importante que tu hijo preadolescente se entere de la existencia de esa presión de grupo antes que alcance su punto máximo. Un día podría ir en un auto con cuatro amigos que deciden inyectarse heroína. Prepararlo no garantiza que él se mantendrá firme en un momento crucial como ese, pero su conocimiento de lo que es la influencia de los amigos y compañeros podría brindarle la independencia necesaria para hacer lo que es correcto. Por lo tanto, te recomiendo que leas y comentes con tu hijo de diez u once años toda esta sección sobre la conformidad.

La adolescencia es una etapa de confusión

Durante los años formativos se le dice a un niño pequeño qué es lo que debe pensar. Está sujeto a todas las actitudes, prejuicios y creencias de sus padres y esto es correcto y apropiado. Sin embargo, tiene que llegar el momento cuando todos estos conceptos e ideas son examinados por la persona y son aceptados como verdaderos o rechazados como falsos. Si esa evaluación personal no es hecha jamás, entonces el adolescente no llega a cruzar la separación que existe entre «lo que se le dijo» y «lo que cree». Este es uno de los puentes más importantes que llevan de la niñez a la edad adulta.

Es común que un adolescente ponga en duda la veracidad de la preparación que recibió. Es posible que se pregunte: «¿Habrá realmente un Dios? ¿Me conocerá? ¿Creo en los valores que me inculcaron mis padres? ¿Quiero yo lo que ellos quieren para mí en la vida? ¿Me han guiado, de alguna forma, en la dirección equivocada? ¿Contradice mi experiencia lo que me enseñaron?» Este intenso autoexamen se realiza durante un período de varios años, comenzando durante la adolescencia y continuando hasta entrar a la edad de los veinte.

Debemos advertirle de antemano a nuestro hijo adolescente acerca de la angustia que posiblemente experimentará durante este período de dudas. Esta es, verdaderamente, una etapa de confusión, porque nada puede ser considerado absoluto o cierto. Además, los padres debemos prepararnos para esta experiencia. Nos resulta difícil quedarnos con los brazos cruzados mientras los vemos escudriñar y analizar los valores a los cuales hemos dedicado toda nuestra vida. El proceso será menos doloroso, tanto para los padres como para los hijos, si ambos se dan cuenta de que este examen personal es una parte normal y necesaria del crecimiento.

La adolescencia es una etapa de formación de la identidad

Se ha escrito mucho sobre la «búsqueda de la identidad», pero dudo que tu hijo de diez años de edad haya leído mucha de esa literatura. Por lo tanto, necesitarás hablarle de lo que significa conocerse a sí mismo. El niño que tiene un buen sentido de su identidad, está bien familiarizado con sus propias metas, puntos fuertes, debilidades, deseos, esperanzas y sueños. Podría sentarse a escribir un artículo titulado: «¿Quién soy yo?», sin atascarse en el primer párrafo. El niño al que sus padres y sus maestros le han ayudado a estar bien consciente de sí mismo, sabe adónde va y cómo llegar allí. Es un individuo muy afortunado en estos tiempos de confusa identidad.

Me gustaría describir a un jovencito menos afortunado, al cual he conocido profesionalmente. Tú también lo conoces, porque vive en cada vecindario, asiste a cada escuela y todas las iglesias lo tienen como miembro. Tal vez, cinco millones de copias de ese niño, con pequeñas diferencias, caminan hoy en día por las calles de todas las ciudades de Estados Unidos. Este adolescente, al que llamaré Juanito, no fue ni el primero ni el último de los hijos nacidos en su familia, lo cual le ha hecho parte de un grupo (o multitud) en su hogar. Sus padres estaban extremadamente ocupados durante los primeros años de su infancia y dedicaban sus esfuerzos a las necesidades de la vida diaria. Muy pocas veces le leyeron algo y nunca lo miraron mostrando que era motivo de orgullo para ellos. Simplemente, lo dejaron que creciera por su cuenta. Su aspecto físico no era grotesco, pero tampoco era un príncipe azul; simplemente, mirarlo causaba aburrimiento.

Cuando Juanito comenzó a ir a la escuela, inmediatamente tuvo dificultades para aprender a leer. No podía explicar por qué, pero no podía entender lo que se le enseñaba. No fue que realmente fracasara, pero el trabajo que hacía en la escuela no merecía el reconocimiento de nadie. Sus maestros pensaban de él no como una persona individual, sino como un miembro de ese treinta o cuarenta por ciento de estudiantes carentes de inspiración, que tienen que trabajar con más ahínco para lograr el mismo resultado. En realidad, era fácil olvidarse de que Juanito estaba en la clase.

Juanito terminó la primaria y la secundaria y nunca logró destacarse en algo. No actuó brillantemente jugando fútbol. Jamás aprendió a armar modelos de aviones. Rara vez tuvo más de uno o dos amigos a la vez. Nunca fue elegido presidente de su clase. No aprendió a trabajar en el taller de carpintería de su padre. Nunca hizo algo por lo cual sus padres se jactaran ante sus vecinos. Me imagino que se pasó la mayor parte de su infancia frente al televisor, leyendo las tiras cómica y trepándose a un árbol.

De pronto, cuando llegó a los quince años de edad, Juanito se convirtió en Juan. La cara se le llenó de granos y espinillas, y la nariz se le torció un poco hacia la izquierda. Los muchachos lo consideraban aburrido y las muchachas podían mirarlo, sin darse cuenta de que estaba allí. En el otoño trató de jugar baloncesto, pero el entrenador estaba demasiado ocupado con los muchachos más talentosos. Dejó el equipo al siguiente día, porque «no le pareció que era un deporte interesante». Su actitud era bastante negativa y sus modales pésimos. Y nunca pensó ni una sola vez en su futuro después que terminara la escuela secundaria.

En pocas palabras, Juan y todos los demás que él simboliza, llegan a la edad de dieciséis años careciendo por completo de identidad personal, excepto por una confusa sensación de disgusto consigo mismos. No sabe quién es, qué es lo que quiere, ni adónde va. Es en este momento de su vida que su vulnerabilidad a las sugerencias sociales alcanza su punto máximo. Es posible que acepte por completo a cualquier grupo que se le acerque ofreciéndole un sensación de identidad. Tomemos como ejemplo a la pandilla de motociclistas llamada Los Ángeles del Infierno. Pueden ofrecerle a Juan todo lo que le falta. A cambio de su lealtad le proveen de un montón de amigos, una sensación de poder, una manera de hablar aceptada por el grupo, la clase de ropa que todos usan (una chaqueta de cuero, botas, etcétera), el tipo de transporte que usará (una motocicleta), y un montón de valores y actitudes inmorales. De un golpe, pueden tomar a un adolescente insensato y ordinario e inculcarle una identidad definida y de acuerdo con los designios del grupo (aunque antisocial).

Es tu responsabilidad, como padre, brindarle a tu hijo una identidad saludable durante los años formativos en el hogar. ¿Cómo puedes lograr este propósito? Ayudándole a reconocer sus puntos fuertes y sus intereses. Enseñándole lo que debe creer y cómo comportarse. Y tal vez lo más importante de todo sea: dándole habilidades compensatorias como las descritas en la Estrategia #4. Si nosotros no realizamos esa tarea alguna otra persona lo hará.

La adolescencia es una etapa de emociones fluctuante y de cambios de la personalidad

La experiencia del adolescente está típicamente caracterizada por estados emocionales de euforia y de melancolía, que se manifiestan en forma gradual. Estas fluctuaciones del estado de ánimo pueden desconcertar a los otros miembros de la familia, que tienen que aprender a vivir con momentos variados de depresión, entusiasmo y todas las demás emociones imaginables. Quizá lo más inquietante durante esta etapa es la inconstancia de la madurez. Un día, un muchacho de quince años piensa y actúa como un adulto hecho y derecho; al día siguiente, otra vez es un niño de la punta de la cabeza a los pies.

Si cada miembro de la familia aprende a reconocer como «normal» a esta clase de personalidad fluctuante, podría resultarle más fácil el vivir con ese individuo emocional, excitable, impresionable, voluble, idealista, caprichoso y soñador romántico, que conocemos con el nombre de adolescente.

La adolescencia es una etapa de fascinación sexual y temor

Tal vez la conversación más importante, que se debe tener en preparación para la adolescencia, tiene que ver con el despertar sexual que los niños están a punto de experimentar al acercarse a la adolescencia. Si durante los años anteriores has cumplido con tu tarea como es debido, está conversación final será un repaso de los asuntos sobre los que ya le has hablado en muchas otras ocasiones. Podemos llamarle «conversación final», porque pudiera ser la última que tengas con él sobre este delicado tema. Si bien se puede hablar directamente de la mayoría de los temas con un niño de diez años, probablemente unos tres años después se sienta ofendido y avergonzado por la misma clase de conversación. Después que el niño experimenta los cambios emocionales, hormonales y físicos de la adolescencia, tu tarea como principal educador sexual de tu hijo probablemente será una cosa del pasado. En cierto sentido, la conversación sobre el sexo, que tenemos con nuestro hijo antes del tiempo de la pubertad, se parece al entrenador que aconseja a los jugadores de su equipo inmediatamente antes de un gran partido. Les dice: «Recuerden lo que les he enseñado y no se olviden de las reglas del juego. Repasemos una vez más las cosas fundamentales». El entrenador sabe bien que después que comience el partido habrá muy pocas oportunidades para impartirles más instrucción.

Esta vital conversación sobre el sexo es demasiado importante para tenerla sin haberla planeado muy bien, pensando detenidamente en lo que se va a decir. En realidad, durante los años formativos se presentan oportunidades para las cuales los padres deben estar preparados. La siguiente lista de diez temas puede servirte de ayuda con el fin de que te prepares para tener esta conversación con tu hijo. Debes saber bien qué es lo que vas a decir acerca de estos tópicos:

(1) El papel de las relaciones sexuales en el matrimonio.
(2) Anatomía y fisiología masculina y femenina.
(3) El embarazo y el proceso de dar a luz.
(4) Emisión nocturna («sueños húmedos»).
(5) Masturbación.
(6) Sentimientos de culpabilidad y fantasías sexuales.
(7) Menstruación.
(8) Moralidad y responsabilidad en las relaciones sexuales.
(9) Enfermedades venéreas.
(10) Características sexuales secundarias, provocadas por los cambios glandulares: pelo púbico, desarrollo sexual general, aumento del interés en el sexo, etcétera.

En vista de que son pocos los padres que pueden decir que son expertos en educación sexual, recomiendo enfáticamente que adopten el lema de los Niños Exploradores de Estados Unidos: «¡Estén preparados!» (El propósito de este libro no me permite considerar extensamente los diez temas mencionados anteriormente. Sugiero que los padres consulten *Sex Is a Parent Affair* [Los padres y la educación sexual], escrito por Letha Scanzoni o algunos otros libros de calidad sobre educación sexual.)

Debo mencionar algo más antes de pasar a considerar otro asunto. Frecuentemente existe una importante relación entre la actividad sexual irresponsable y una baja autoestima, lo cual llama la atención a la necesidad de enseñar actitudes y maneras de comportarse adecuadas en cuanto al sexo opuesto. Se ha comprobado repetidamente que los adolescentes que se sienten más inferiores suelen ser los más vulnerables a experimentar con el sexo y a que otros se aprovechen sexualmente de ellos. Los sociólogos John Gagnon y William Simon, descubrieron que los alumnos menos populares son casi siempre los que más practican la promiscuidad sexual. Al no haberse sentido aceptados socialmente jamás, se entregan a la primera persona que les ofrece afecto a cambio de privilegios íntimos. Sin embargo, esos mismos jóvenes inadaptados, especialmente las muchachas, descubren muy pronto que su pronta disponibilidad sexual sólo llama la atención momentáneamente y después se sienten aún más infelices. El doctor Emery Breitner está de acuerdo con esto. Estudió a algunos adultos carentes de inhibiciones sexuales, que practican el cambio de esposas, las relaciones sexuales extramaritales, etcétera. La mayoría de las personas entrevistadas admitieron que buscaban amor, compañerismo, aprobación y aceptación. Su conclusión fue: «Las personas sexualmente promiscuas son «adictas al amor», que buscan ser amadas continuamente y que se les asegure de que lo son. Y para ellas la única manera de lograr esto es por medio del sexo».

Dorothy Corkille Briggs, lo dice brevemente en su libro *Your Child's Self-Esteem* [La autoestima de tu hijo]:

La evidencia sugiere que el mejor seguro contra el comportamiento sexual indiscriminado, cuando el instinto gregario es más fuerte durante la adolescencia (cuando el deseo sexual es intenso) es una alta autoestima. Una sensación de valor personal impide que el joven o la jovencita se vendan barato y disminuye su interés en un comportamiento sexual irresponsable.

Es obvio que nosotros, como padres, necesitamos hacer dos cosas: reducir los sentimientos de inferioridad y al mismo tiempo inculcar actitudes sexuales saludables.

La adolescencia es una etapa de creciente independencia

Será muy útil describir el proceso de «separación» que está a punto de producirse en tu hijo adolescente. Te sugiero que le hagas una descripción parecida a la siguiente:

Pablo, naciste en nuestra familia como un bebé completamente indefenso, que dependía para todo de nosotros. Durante tu infancia, tu madre y yo te hemos guiado y te hemos enseñado lo que creemos es correcto. Pero no siempre tendremos una relación entre padres e hijo como la que tenemos ahora. Dentro de unos diez años es muy probable que vivirás lejos de nuestro hogar, ganarás tu propio dinero y tomarás tus propias decisiones. Te convertirás en un adulto y tal vez tendrás una familia que atender. A veces, este proceso de crecimiento y de volverse responsable de su propia vida produce una gran tensión para la familia. Muchas veces el niño quiere crecer demasiado rápido y esto es perjudicial para él, porque toma decisiones para las cuales no está preparado. Cuando esto ocurre, los padres tienen que sujetarlo para que disminuya la marcha. Otros adolescentes quieren seguir viviendo en el hogar, disfrutando de la comida, de la ropa y del albergue provisto por sus padres, pero no quieren que éstos sigan diciéndoles lo que tienen que hacer. Estas tensiones afectan a toda la familia, haciendo que en algunas ocasiones los seres queridos se enojen unos con otros.

Te digo todo esto porque quiero que comprendas lo que ocurre si esta clase de sentimientos se interponen entre nosotros. Esta situación no durará para siempre, y realmente se puede evitar si mantenemos la comunicación y tratamos de entendernos mutuamente. Por lo tanto, quiero que recuerdes varias cosas:

(1) Todos los años te daré un poco más de libertad, según crea que estás listo para ello. Habrá ciertas cosas que tendrás que aceptar mientras vivas en esta casa y no siempre te gustarán las reglas establecidas. Sin embargo, tu mamá y yo permitiremos que gradualmente tomes más decisiones por ti mismo a medida que crezcas.

(2) Al aumentar tu libertad, también aumentará el nivel de tu responsabilidad. Esperaré que cada vez te encargues de realizar más tareas en el hogar y por ello ganarás un porcentaje mayor del dinero que necesitarás para tus gastos. Esta responsabilidad te ayudará a prepararte para tener éxito en tu vida de adulto.

(3) Si alguna vez creyeras que estamos siendo injustos contigo durante tus años de adolescencia, tienes toda libertad para venir a nosotros y expresar tus sentimientos. Podrás decirnos lo que realmente piensas y consideraremos tu punto de vista. Sin embargo, jamás aceptaremos ninguna rabieta. Si das portazos, pones mala cara y gritas, como hacen muchos adolescentes cuando se enojan, verás que no te haremos ningún caso.

(4) Sobre todo, recuerda que te queremos inmensamente y que todo lo que hagamos será motivado por este amor. Y aun si nos enojáramos unos con los otros en los años por venir, nuestro profundo amor por ti habrá de permanecer.

Pensamos con mucha ilusión en los últimos años que vivirás aquí en nuestro hogar. Antes que nos demos cuenta te habrás ido y sólo nos quedarán los recuerdos de los días felices que hayamos pasado juntos. Mientras estés todavía con nosotros, disfrutemos como familia lo más que podamos.

Una conversación como ésta puede servir para pacificar, por lo menos en parte, la rebelión que suele manifestarse durante el tiempo de la adolescencia.

Resumen

En conclusión, la adolescencia puede ser una experiencia más tranquila cuando la familia se prepara adecuadamente para su llegada. Sin embargo, no hacer caso de la proximidad de su comienzo, es como si nos montáramos en una montaña rusa por primera vez, sin saber lo que nos espera al llegar a su parte más alta. La cuesta abajo puede ser horripilante para todos. Hay una manera mejor de hacerlo.

Preguntas y respuestas

(1) *Tenemos una hija de catorce años de edad que está experimentando algo peor de lo que ha descrito. Piensa que es fea y se siente muy inferior. Se odia a sí misma y odia a todo el mundo. Es una persona amargada y está deprimida la mayor parte del tiempo. Ya es demasiado tarde para «prepararla» para la adolescencia, ¡porque se está ahogando en sus sentimiento en este mismo momento! ¿Qué podemos hacer para ayudarla?*

Ustedes tienen por delante una de las tareas más difíciles de las que deben realizar los padres. Existe el peligro de que su hija trate de enfrentarse a sus sentimientos haciendo cosas que podrían causarle problemas más graves, tales como usar drogas, casarse antes de tiempo, dejar la escuela, irse de la casa o identificarse con algún grupo antisocial. El amor de ustedes y su dirección sutil son más importantes para ella ahora que en ningún otro momento de su vida.

En primer lugar, cuando la desesperación es tan intensa como la que describen, recomiendo enfáticamente que se ponga al hijo o hija en una clase de terapia de grupo. Los adolescentes ejercen una influencia mutua tan fuerte que pueden ayudarse unos a otros a salir del abismo emocional más profundo. Además, será muy estimulante para su hija escuchar a otros adolescentes decir que tienen los mismos sentimientos y temores que ella está experimentando. Y finalmente, se produce una gran liberación emocional cuando el joven o la jovencita puede hablar de sus frustraciones y ansiedades en el ambiente de aceptación del grupo. Si la escuela secundaria a la que asiste su hija cuenta con un departamento de asesoramiento, tal vez puedan ayudarle a encontrar el grupo más adecuado en el área donde viven.

En segundo lugar, les sugiero que le digan lo siguiente a su angustiada hija:

> En alguna ocasión, cuando estés sola, sería bueno que te sentaras e hicieras una lista de todas las cosas que no te gustan de ti misma. Asegúrate de tener muchas hojas de papel en blanco, porque probablemente las vas a necesitar. Jamás nadie deberá ver esta lista, a no ser que tú quieras mostrársela a alguien, para que al hacerla puedas ser totalmente sincera. Escribe todas las cosas que te molestan y luego haz una marca en cada una de las que más te preocupan. Cuando hayas terminado la lista, examínala y medita en cada una de las cosas que has escrito. Piensa en qué es lo que puedes hacer para cambiar todo lo que no te gusta. Si lo deseas, puedes mostrarle la lista a tu pastor o a tu consejero o a uno de nosotros tus padres o a alguien en quien tengas confianza. Esa persona puede ayudarte a idear un plan para realizar las mejoras que sean posibles. Te sentirás mejor al haberte enfrentado a tus problemas y es muy posible que encuentres solución a algunos de los que más te perturban.

Ahora llegamos a un paso muy importante. El secreto de la salud mental consiste en aceptar lo que no se puede cambiar. Después que hayas hecho todo lo posible para solucionar tus problemas, debes tomar la hoja de papel en la cual has escrito las cosas que más te hacen sufrir y quemarla en una ceremonia privada ante Dios. Entrégale tu vida a Él, una vez más: tus puntos fuertes y los débiles, tus cosas buenas y las malas, pidiéndole que tome todo lo que tienes y lo bendiga. Después de todo, Dios creó todo el universo de la nada y puede hacer algo hermoso con tu vida.

> (2) *Desde hace unos pocos meses, nuestra hija adolescente se ha vuelto muy pudorosa y exige que su hermana salga de su habitación cuando se viste. Pienso que ésta es una actitud tonta, ¿no lo cree usted?*

No. Y les sugiero que respeten su vida privada. Probablemente, su sensibilidad se deba a que está consciente de que su cuerpo está cambiando y se siente avergonzada por el desarrollo que se está produciendo o porque este no ha llegado aún. Es casi seguro que es una fase temporal y que no debería oponerse a ello.

> (3) *¿Debo actuar como una adolescente en cuanto a la forma de vestirme, de hablar, así como mis gustos y mi manera de ser, con el propósito de mostrarle a mi hijo que lo comprendo?*

Enfáticamente no. Hay algo desagradable acerca de una persona de treinta y cinco años comportándose como la «adolescente que fue». No tuviste necesidad de andar a gatas o tener rabietas, para comprender a tu hijo cuando tenía dos años de edad. Del mismo modo, puedes manifestar tu compenetración con un adolescente y tu aceptación de él, sin convertirte en uno. En realidad, la razón por la cual tu hijo adolescente se comporta de una manera especial es para mostrar una identidad separada de la tuya. Harás que él se disguste rápidamente si invades su territorio, lo cual lo llevaría a la conclusión de que: «Mamá se esfuerza mucho, ¡pero me gustaría que madurara!» Además, todavía él necesitará, de vez en cuando, una figura de autoridad cerca de él y ¡tú tienes esa tarea!

> (4) *He leído sobre el «movimiento unisexo», que sostiene que las diferencias entre hombres y mujeres deben reducirse al mínimo, ya sea en el trabajo, los juegos o las modas. Quisiera saber* ***cuál*** *es su opinión, particularmente en cuanto a inculcarles*

a los varones y a las niñas los tradicionales papeles mascu-
linos y femeninos. ¿Cree que se debe obligar a los varones a
hacer las tareas de las niñas y viceversa?

La tendencia a mezclar los papeles masculino y femenino está profundamente arraigada en los Estados Unidos hoy en día. Las mujeres fuman cigarrillos y se ponen pantalones. Los hombres se perfuman y usan joyas. Su identidad sexual se nota muy poco en la longitud de su cabello, su manera de actuar, sus intereses u ocupaciones; y la tendencia en esa dirección es cada vez mayor. Esa semejanza entre hombres y mujeres produce gran confusión en la mente de los niños acerca de su propia identidad sexual y del papel que tienen que desempeñar. Carecen de un modelo claro que puedan imitar, y a tientas tratan de descubrir cuál es la manera apropiada en que deben comportarse y las actitudes que deben tener.

Existen muy pocas dudas acerca de que esta falta de distinción de los papeles masculino y femenino contribuye a la epidemia homosexual y a la confusión relacionada con ésta que ocurre actualmente. Por la historia sabemos que las actitudes unisexuales han precedido a la desintegración de las sociedades que se inclinaron en esa dirección. El doctor Charles Winick, profesor de antropología de la Universidad de la ciudad de Nueva York, estudió dos mil culturas diferentes y descubrió que cincuenta y cinco de ellas se habían caracterizado por su ambigüedad sexual. Ninguna de esas culturas logró sobrevivir. El doctor Winick cree que el futuro de los Estados Unidos está en peligro por esta misma causa y yo me inclino a estar de acuerdo con él.

En cuanto a nuestros niños creo *firmemente* en la importancia de enseñarles, durante los primeros años de sus vidas, los tradicionales papeles masculino y femenino. Si no instruimos al niño acerca de cómo debe comportarse, dañaríamos aun más su sentido de identidad, que necesita toda la ayuda que podamos darle. Los papeles masculino y femenino se enseñan por medio de la ropa que se ponen; de la identificación íntima con el padre o la madre de su mismo sexo; y hasta cierto punto, de las tareas que se le exige al niño que haga y de los juguetes que se le dan para jugar. No sugiero que dejemos que el pánico se apodere de nosotros por las tendencias de nuestras hijas a actuar como si fueran varones o que exijamos a nuestros hijos varones que se comporten como hombres de pelo en pecho. Ni tampoco es algo inaceptable que un varón lave los platos o una niña limpie el garaje. Pero, por otra parte, debemos guiar a nuestros hijos en la dirección del papel apropiado para su sexo.

Mi respuesta a su pregunta se enfrentará a la oposición de aquellos que quieren ver desaparecer las diferencias entre hombres y mujeres. Según entiendo el plan divino, claramente presentado en la Biblia, los dos sexos tienen papeles específicamente designados, que no podemos pasar por alto sin que haya consecuencias muy lamentables. ¡Los hombres y las mujeres son *iguales*, pero no equivalentes! Esto quiere decir que tienen el mismo valor como seres humanos, pero fueron designados para responsabilidades totalmente distintas. Es mi oración que Estados Unidos no abandone ese inspirado propósito en este difícil momento de su historia.

(5) *¿Cuál es la causa de la homosexualidad?*

La homosexualidad tiene muchas causas, de la misma forma en que uno puede tener fiebre por diferentes razones. Sin embargo, por lo general, puede decirse que muchas veces la homosexualidad parece ser el resultado de una vida familiar infeliz en el hogar, la cual suele incluir confusión en cuanto a la identidad sexual.

(6) *¿Cuál es el ambiente más común, en el hogar del futuro homosexual?*

Las condiciones varían de una manera muy grande, aunque la más común parece ser un hogar en el que la madre es dominante, protege demasiado al hijo y es posesiva, mientras que el padre lo rechaza y lo pone en ridículo. Lo opuesto ocurre también, en los casos cuando la madre rechaza a su hijo porque es varón.

(7) *¿Puede la homosexualidad ser resultado de una sola experiencia traumática?*

Eso ocurre, pero no a menudo. Aconsejé a un adolescente homosexual cuyo padre borracho lo obligó a «dormir» con su madre después de una fiesta de Año Nuevo. Fue fácil descubrir la causa de su rechazo y disgusto hacia el sexo opuesto. Sin embargo, la mayoría de los casos son menos evidentes.

(8) *¿Qué pueden hacer los padres para evitar la homosexua-*
lidad en sus hijos?

La mejor forma de evitarla es fortaleciendo la vida en el
hogar. La homosexualidad rara vez ocurre en un hogar amoroso, en el cual los padres están relativamente bien adaptados
sexualmente. No creo que es necesario temer a este acontecimiento desafortunado, como si fuera una fuerza que no podemos controlar. Si los padres proveen un ambiente en el hogar
que sea sano y estable y no interfieren en la conducta de su hijo,
apropiada a su sexo, entonces es muy difícil que la homosexualidad ocurra entre los jóvenes.

(9) *Un libro publicado recientemente, escrito para los pa-*
dres, afirma que la buena educación, acerca del sexo, habrá
de reducir la frecuencia de la promiscuidad y la irresponsa-
bilidad sexuales entre los adolescentes. ¿Está de acuerdo?

Por supuesto que no. Los adolescentes están mejor informados hoy, acerca del sexo, que en ningún otro tiempo en la
historia de la humanidad, aunque el tradicional juego de varón
y niña parece ser tan popular hoy como antes. La suposición de
que la información fisiológica impedirá la actividad sexual es
casi tan tonta como pensar que se puede ayudar a un glotón
obeso, explicándole el proceso biológico involucrado al comer.
Apoyo la educación sexual adecuada por otras razones, pero no
tengo la ilusión de que la educación acerca del sexo tiene un
poder sin igual para inculcar responsabilidad en los adolescentes. Si la moralidad va a ser apreciada como algo valioso, debemos abordarla directamente, y no por la puerta trasera de la
anatomía y la fisiología. De mucho más poder es la demostra-
ción de toda una vida de moralidad, en sus distintas formas,
hecha por padres cuyas mismas vidas revelan su fidelidad y
entrega del uno al otro.

Estrategia #10
Un mensaje para los adultos desalentados

Aunque el interés principal de este libro es tomar medidas
preventivas en contra de los sentimientos de inferioridad que

pueden atormentar a los niños pequeños, tanto en el hogar como en la escuela, debemos detenernos brevemente, para comentar sobre el mismo problema según afecta a los adultos. Como indiqué en el primer capítulo, la baja autoestima es muy común entre los adultos hoy en día y sobre todo entre las mujeres. No me canso de enfatizar este hecho. Casi todas las mujeres a las que he aconsejado profesionalmente, han expresado tener muy poca confianza en sí mismas. Esto explica mi respuesta a la talentosa escritora Joyce Landford, cuando me preguntó: «¿Que cambiaría de las mujeres, en general, si tuviera una varita mágica?» Mi respuesta, a la cual hizo mención la señora Landford en su excelente libro *The Fragance of Beauty* [La fragancia de la belleza] fue escrita con convicción, le dije:

> Si pudiera dar una receta a las mujeres del mundo entero, les diría que tomaran tres veces al día una buena dosis de autoestima, hasta que los síntomas desaparecieran. No tengo la menor duda de que esto es lo que más necesitan.

Para verificar mi observación sobre el desaliento tan generalizado que la mayoría de las mujeres sienten, preparé un cuestionario titulado: «Causas de la depresión en las mujeres» (que mencioné brevemente en la Estrategia #1). Dicho cuestionario constaba de diez temas, tal y como los presento a continuación:

CAUSAS DE DEPRESIÓN ENTRE LAS MUJERES

Por favor, clasifique las siguientes causas de depresión según su orden de importancia en relación con usted. No firme su nombre.

Factor irritante	Clasificación
1. Ausencia de amor *romántico* en el matrimonio	_____
2. Conflictos con los suegros	_____
3. Baja autoestima	_____
4. Problemas con los niños	_____
5. Dificultades económicas	_____

6. Soledad, aislamiento y aburrimiento   _____

7. Problemas sexuales en el matrimonio   _____

8. Problemas menstruales y fisiológicos   _____

9. Fatiga y falta de tiempo   _____

10. Envejecimiento   _____

Se le hizo el cuestionario a dos grupos de mujeres que sumaban aproximadamente un total de setenta y cinco. Su edad promedio era de treinta años y todas eran esposas o madres de clase media. Se les pidió que contestaran sus preguntas totalmente en privado y que enviaran la hoja anónimamente, para analizar sus respuestas. Cuando se calcularon los resultados, se supo que la causa más común de depresión entre las mujeres del primer grupo era la «baja autoestima»; ¡y el segundo grupo indicó este mismo problema como la segunda causa! Y lo más sorprendente de todo fue que las participantes en la encuesta eran mujeres que tenían excelente salud, un matrimonio feliz, juventud y belleza; razones más que suficientes para que quisieran vivir. Además, la mayoría de ellas confesaron que eran cristianas. La conclusión que podemos sacar de esta investigación es que hoy en día los sentimientos de inferioridad y la baja autoestima se han convertido en compañeros inseparables de muchas mujeres, tal vez de la mayoría de ellas. (Los otros resultados de este cuestionario han sido incluidos en mi libro *What Wives Wish Their Husbands Knew About Women* [Lo que las esposas desean que los maridos sepan sobre las mujeres], que está dedicado a las necesidades de los adultos.)

Aunque probablemente los abrumadores sentimientos de inferioridad son menos frecuentes en los hombres que en las mujeres, lo cierto es que éste no es un problema exclusivamente femenino y surge en los lugares menos esperados. Hace tiempo me invitaron a dar una serie de conferencias en un seminario. Me pareció importante hablar sobre el tema de los sentimientos de inferioridad a los futuros pastores, ya que pronto se enfrentarían a muchos de estos problemas en sus propias congregaciones. Durante la primera conferencia, relaté la historia de Daniel, quien era un angustiado estudiante de escuela secundaria, que sufría debido a sus sentimientos de inferioridad que poco a poco se transformaron en ira. Después que terminé de hablar ese día, recibí la siguiente carta anónima:

Estimado doctor Dobson:

Soy uno de los «Danieles» de los que habló hoy en la capilla. Créame lo que le voy a decir, porque lo he experimentado personalmente desde que tengo uso de razón. Es una forma de vivir muy desdichada.

Soy uno de los estudiantes del seminario, pero esto en nada disminuye la gravedad del problema. A través de los años, y muy en particular durante los últimos cinco años, he tenido, de vez en cuando, la esperanza de que podré superar mi problema de alguna manera o que este desaparecerá por completo. Pero después, con gran desilusión, me doy cuenta de que todavía es parte inseparable de mi personalidad y entonces pierdo toda esperanza de poder superar algún día la situación. Quiero ser un ministro del evangelio y creo que ésa es la voluntad de Dios. *Al mismo tiempo estoy consciente del efecto paralizante que este problema me está causando.* Deseo con toda mi alma ser competente para servir a mi Dios y a mis semejantes.

Quisiera poder hablar con usted, aunque sólo fuera por un breve momento. Sin embargo, entiendo que su tiempo es limitado. De todos modos, muchas gracias por haber venido al seminario.

Le saluda atentamente,
Un seminarista preocupado

Como este joven angustiado no se identificó, leí su carta y la comenté con los estudiantes a la mañana siguiente. Al parecer, muchos de los cientos de jóvenes que la escucharon se conmovieron por sus palabras. Para algunos era reflejo indudable de su propia situación. Después de mi conferencia el «seminarista preocupado» vino a verme. Con lágrimas corriéndole por las mejillas me habló de los terribles sentimientos de inferioridad que había tenido desde que era niño. Más tarde, uno de los administradores del seminario me dijo que de todos los estudiantes del seminario, este joven era el último en el que hubiera pensado que se sintiera así. Como he observado una y otra vez, los sentimientos de inferioridad son el secreto mejor guardado de todos. Están escondidos en lo más profundo de nuestro ser, donde pueden atormentar el alma.

Entre los estudiantes que asistían a la conferencia ese día, había otro que padecía del mismo tipo de problema. Sin embargo, no me escribió ninguna carta, ni se identificó en absoluto. Pero tres semanas después que me fui de allí, se ahorcó en su apartamento. Uno de los cuatro jóvenes con quienes vivía, me hizo una llamada telefónica de larga distancia para contarme la tragedia. Me dijo, profundamente consternado, que todos estaban tan ignorantes de lo que le ocurría que ¡estuvo colgado cinco días antes que alguien se diera cuenta de su ausencia!

Las personas comunes y corrientes no son las únicas que fracasan en el arte de comprender a los demás. Ha sido muy desalentador para mí el ver que tantos de mis colegas (siquiatras, sicólogos y consejeros) han pasado por alto los sentimientos de inferioridad como una de las causas más evidentes de angustia emocional. La falta de autoestima produce más síntomas de trastornos siquiátricos que cualquier otro factor identificado hoy en día.

Una y otra vez, en mi práctica como sicólogo, he hablado con personas que desean, de manera desesperada, ser respetadas y aceptadas. Están ansiosas de afecto y cariño, así como de apoyo emocional y de sugerencias para lograr un cambio en sus vidas. Sin embargo, si un paciente con la misma necesidad hubiera acudido al doctor Sigmund Freud en su época, el inmortal abuelo del sicoanálisis se hubiera echado hacia atrás en su asiento, con una actitud de indiferente profesionalismo y se habría puesto a analizar las represiones sexuales del paciente. Si el mismo paciente hubiera buscado la ayuda del doctor Arthur Janov, el innovador de la terapia primal le habría aconsejado que se revolcara por el suelo llorando como un bebé. (¡Qué tonta es, según mi punto de vista, este tipo de «terapia»!) Otros terapeutas modernos le habrían dicho a la misma persona que agrediera a los demás miembros de un «grupo de encuentro» y fuera agredido por ellos o que se desnudara delante de un grupo, o le pegara a su madre y a su padre con un cinto. ¡Creámoslo o no, uno de los temas de mayor controversia en algunas de las primeras conferencias siquiátricas tuvo que ver con la sensatez de que las pacientes tuvieran relaciones sexuales con sus terapeutas masculinos! ¿Nos habremos vuelto locos de remate? Cada vez que las personas ponen a un lado la moralidad, todo lo que hacen carece de sentido, independientemente de sus títulos y certificados profesionales.

Tal vez, por eso se le llama a la siquiatría «el estudio de los idiotas hecho por los excéntricos». (No es mi intención menospreciar a los miembros de la rama más ortodoxa de la profesión siquiátrica.)

Estoy firmemente convencido de que la mejor manera de tratar a un paciente angustiado es trasmitirle, de manera convincente, el siguiente mensaje aunque no sea con palabras: «La vida te ha tratado muy mal y has sufrido mucho. Hasta el momento has tenido que hacer frente a todos tus problemas sin ningún apoyo y en algunas ocasiones tu desesperación ha sido abrumadora. Permíteme ahora ayudarte. De aquí en adelante me interesas como persona; mereces mi respeto y lo tendrás. Deseo que hagas todo lo posible para dejar de preocuparte por tus problemas y que confíes en mí para hablarme de ellos. Nos concentraremos nada más en el presente y en el futuro, y juntos buscaremos las soluciones más apropiadas».

De pronto, el paciente, que hasta ese momento estaba aislado, ya no experimenta la sensación más deprimente que cualquier ser humano puede sentir, la soledad, y piensa: «¡Le intereso a alguien! ¡Alguien me entiende! Alguien me asegura, con certeza profesional, que sobreviviré. No moriré en este mar de depresión, como temía. Tengo un amigo que me ha lanzado un salvavidas y me promete que no me abandonará en la tormenta». Esto es terapia verdadera y es ejemplo, de la esencia del mandamiento cristiano, de sobrellevar «los unos las cargas de los otros».

Este mismo principio cristiano puede ayudar a combatir los sentimientos de inferioridad y de insuficiencia personal. He observado, en distintas ocasiones, que las necesidades y los problemas de una persona disminuyen cuando está ocupada ayudando a otra con sus dificultades. Es difícil concentrarse en las aflicciones que uno tiene, cuando se ayuda a alguien a llevar su carga y a encontrar soluciones a sus problemas. Le aconsejo a cada lector que está desalentado porque piensa que nadie lo ama y se siente defraudado por la vida, que se acostumbre de manera consciente a hacer algo por los demás. Por ejemplo: visita a los enfermos, haz un pastel para algún vecino, usa tu auto para transportar a los que no tienen este medio de transporte. Y quizá lo más importante, aprende a escuchar con atención. El mundo está lleno de personas que se sienten solas y desanimadas y tú estás en una posición excelente para identificarte con ellas.

Y, mientras lo haces, te aseguro que tus propios sentimientos de inutilidad comenzarán a desaparecer.

Quiero decirle lo siguiente a quienes han luchado contra los sentimientos de inferioridad: ¿No es hora de que te hagas amigo de ti mismo? ¿No existen ya suficientes preocupaciones en esta vida como para que año tras año continúes golpeándote la cabeza contra esa vieja pared de los sentimientos de inferioridad? Si yo hiciera una caricatura que representara a los millones de adultos que tienen baja autoestima, dibujaría un viajero encorvado y cansado, que lleva sobre su espalda una cadena larga que arrastra toneladas de hierro viejo, llantas usadas y basura de toda clase. Cada una de esas cosas inservibles tendría inscrito algún detalle del pasado, ya sea de humillación, fracaso, vergüenza o rechazo. El viajero podría soltar la cadena y librarse de la pesada carga que lo inmoviliza y agota, pero por alguna razón está convencido de que tiene que arrastrarla de por vida. Como el atribulado seminarista, está paralizado por su peso. Así que sigue, con dificultad caminando hacia adelante.

Tú puedes librarte del peso de la cadena con sólo decidir soltarla. Tus sentimientos de inferioridad están basados en una distorsión de la realidad, vista a través de ojos infantiles. Las normas por las que te has evaluado a ti mismo, están cambiando y no son de fiar. El doctor Maxwell Maltz, cirujano plástico y autor del libro *Psycho-Cybernetics* [Sico-cibernética], dijo que en la década de 1920 las mujeres acudían a él para que les redujera el tamaño de los senos. Hoy en día piden que se los agranden con silicona. ¡Esos son valores falsos! En la canción bíblica de amor del rey Salomón, su esposa le pidió a las mujeres de Jerusalén que no tomaran en cuenta el color oscuro de su piel, debido a haber estado expuesta al sol. En esos días, lo correcto era el color blanco. Pero ahora la morena esposa de nuestro hermano Salomón sería la envidia de cualquier playa. ¡Esos son valores falsos! ¿No entiendes que tu valor personal no depende de las opiniones de los demás, ni de los valores temporales y fluctuantes que esas opiniones representan? Cuanto antes puedas aceptar el valor superior de tu naturaleza como ser humano, más pronto podrás aceptarte a ti mismo. Estoy de acuerdo con el escritor que dijo: «Mientras cuidamos de lo externo, ¿por qué no conquistamos lo interno?» No es una mala idea.

Preguntas y respuestas

(1) *La mayoría del tiempo estoy deprimida y me preocupo de que mis hijos sean afectados por mi estado de ánimo. ¿Son típicamente sensibles los niños al desánimo y a la depresión de los padres?*

Según el Doctor Norman S. Brades, siquiatra infantil, los niños son *muy* sensibles a la depresión de los adultos que los rodean. Con frecuencia, también ellos se deprimen, aun cuando los adultos creen que han ocultado su desesperación. Además, tus hijos te están observando cuidadosamente y están «aprendiendo» de ti cómo enfrentarse a los sentimientos de frustración. En pocas palabras, por medio de tu depresión les estás enseñando, de una manera eficaz, a reaccionar del mismo modo en el futuro. Si tu depresión sigue siendo crónica, como das a entender en tu pregunta, te aconsejo que busques ayuda profesional. En primer lugar, consulta con tu médico, quien pudiera descubrir alguna causa física para tu continuo desaliento. De no ser así, él podría enviarte a un sicólogo. Esto no quiere decir que seas una neurótica o una enferma mental. Podría sólo indicar que tienes necesidad de examinar las cosas que te molestan con la ayuda de un consejero competente.

(2) *Cuando las mujeres que participaron en su encuesta indicaron «baja autoestima» como la causa más frecuente de su depresión, ¿desempeñaba el atractivo físico un papel importante en sus sentimientos? ¿No superan las mujeres esa sensibilidad durante la edad adulta?*

Hubo varios factores involucrados en el mal concepto que de sí mismas tenían las mujeres que fueron sometidas a la encuesta. Muchas de ellas señalaron una falta de afecto romántico y de aprecio, de parte de sus esposos, que las hacía sentir que ellos no las necesitaban y tampoco las amaban. Otras se sentían aisladas e insatisfechas en sus papeles de esposas y madres, que es, según creo yo, una de las más importantes tareas que hay en el mundo. ¡La estabilidad de cualquier país depende de cómo cumplen las mujeres con esta responsabilidad familiar! Sin embargo, se les ha dicho repetidamente a las mujeres que no vale la pena que dediquen tiempo a la crianza de los hijos, y aquellas que creen esta mentira se sienten atrapadas e innecesarias.

Más allá de las razones mencionadas anteriormente, el atractivo físico desempeñó un papel principal en los sentimientos de inferioridad indicados en el cuestionario. La importancia de la belleza no termina cuando pasa el tiempo de la adolescencia. Continúa determinando el valor humano, en cierto modo, hasta una edad avanzada. Permíteme que te dé un ejemplo de lo que quiero decir. Yo aconsejé a una mujer joven, que había sido una bella aeromoza unos pocos años antes. Se encontraba felizmente casada con un hombre que estaba orgulloso de su belleza. Entonces, sucedió una desgracia tremenda. Tuvo un trágico accidente automovilístico, que dejó feas cicatrices en su rostro y su cuerpo deformado. Su columna vertebral se fracturó y quedó destinada a caminar con un bastón por el resto de su vida. Ya no era atractiva y rápidamente su esposo perdió el interés sexual en ella. Al poco tiempo se divorciaron. Por supuesto, al estar inválida ya no podía trabajar como aeromoza y le fue muy difícil conseguir otra clase de empleo. En este caso, una mujer que tenía un valor personal elevado, se hundió hasta una posición de muy poca categoría social, en un momento. Su verdadero valor como ser humano no debería haber sido afectado por su accidente, pero sin duda, lo fue.

Aunque existen muchas causas de la baja autoestima que muchas mujeres tienen hoy, esa antigua enemiga, que se llama «fealdad» (cuyos ataques son experimentados, de vez en cuando, por cada mujer) continúa haciendo su obra despreciable en nuestra sociedad. Como dije anteriormente, no es la única causa de la depresión, pero sigue siendo una de las principales.

UNA ÚLTIMA IDEA: Si tienes dudas acerca de la influencia del atractivo físico en tu propio sistema de valores, tal vez quieras someterte al examen supremo. Entra en una tienda de ropa exclusiva, donde todos los vendedores están muy bien vestidos y peinados. Luego acércate a un espejo de cuatro direcciones y examínate desde todos los ángulos. Observa detenidamente tu nuca, tu perfil y tu espalda. Si eres «normal», ¡esta experiencia te destruirá, al menos por tres días!

5

LA CONTENCIÓN PUEDE SER
CONTAGIOSA

Ahora, en las últimas páginas de este libro, debemos pasar a considerar el significado del comportamiento. ¿Te has preguntado alguna vez cómo es que dos niños que han crecido en un mismo hogar pueden ser tan diferentes y singulares? ¿Cómo puede ser un niño tan respetuosamente tranquilo y retraído, mientras que otro, nacido de los mismos padres y educado por ellos es escandaloso y agresivo? Ampliando más la pregunta, ¿qué es lo que determina los diferentes patrones de la personalidad en los seres humanos? ¿Por qué es amable y apacible un hombre mientras que otro es cruel y odioso? ¿Cuáles son los ingredientes con que se construyen estas características de la personalidad en un niño, que perduran para toda la vida? Estas preguntas podrían representar el tema más importante de todos los considerados en este libro y sus respuestas podrían ser las más útiles. ¿Por qué? Porque el arte de hacer un buen trabajo como padres empieza con la habilidad fundamental de poder colocarnos detrás de los ojos del niño, ver lo que él ve, sentir lo que él siente y anhelar lo que él anhela. Conocer su mundo es lo que le permite al padre y a la madre (o al maestro o abuelo) abrazar al niño cuando se siente amenazado, amarlo cuando se siente solo, enseñarle cuando tiene curiosidad o disciplinarlo cuando sabe que hizo algo malo. El éxito de la relación entre padres e hijos depende de esta habilidad perceptiva. Cuántas veces se quejan los adolescentes diciendo: «¡Mis padres no me comprenden!» Están juzgando la falta de habilidad de sus padres para «leer sus mentes» de la manera que he dicho. Pero, ¿cómo puede obtenerse esta habilidad? Se adquiere desarrollando el entendimiento del significado del comportamiento y este capítulo está dedicado a este tema.

Al parecer, parte del temperamento humano está predeterminado por la herencia, pero el principal factor que influye en el desarrollo de la personalidad son los sentimientos de inferioridad. El daño al ego (la pérdida de la autoestima) es igual en intensidad al dolor del malestar físico o mayor que él. He visto a algunas personas que padecían de terribles dolores físicos y he visto a otras cuya autoestima se había derrumbado por completo. ¡Creo que esto último es peor! Atormenta el alma por medio de la mente consciente por el día y a través de los sueños por la noche. El efecto es tan doloroso que todo nuestro sistema emocional está diseñado para protegernos de su opresión. En otras palabras, *gran parte de toda la actividad humana se dedica al trabajo de protegernos del dolor interno causado por los sentimientos de inferioridad*. Creo que ésta es la fuerza *más* dominante en la vida, aun mayor que el poder del sexo en su influencia. Así que, si queremos entender el significado del comportamiento de nuestros hijos e hijas, esposo o esposa, amigos y vecinos, y hasta de nuestros enemigos, debemos comenzar a investigar las distintas maneras en que los seres humanos suelen hacer frente a su falta de confianza en sí mismos y sus insuficiencias personales.

El resto de este capítulo está dedicado a las seis maneras más comunes en que los niños y los adultos hacen frente a sus sentimientos de inferioridad. No quiero exagerar mi punto, pero creo que estos seis patrones personales ofrecen la explicación más directa y precisa, que he visto, del comportamiento humano. La mayoría de los niños toman una o más de estas vías de defensa. Animo a todos los padres a que busquen en las siguientes páginas las huellas de sus propios hijos y al mismo tiempo, tal vez encuentren restos de sus propias huellas.

Patrón #1
«Me retraeré»

Una de las maneras más comunes de enfrentarse a la insuficiencia y a los sentimientos de inferioridad es rendirse por completo. El individuo que escoge esta vía ha llegado a la conclusión en su propia mente de que es inferior. Mide su valor propio de acuerdo con los atributos que hemos considerado (y otros) y se hace a sí mismo la siguiente confesión:

¡Es cierto! Soy un fracasado tal como temía. Ahora mismo hay personas que se ríen de mí. ¿Dónde podré esconderme?

Habiendo aceptado su indignidad, lo cual fue su primer error, se ve forzado a proteger su ego herido de mayor daño. Así que la palabra «precaución» se convierte en su lema. Se refugia en una coraza de silencio y soledad, prefiriendo no ponerse en peligro ni correr riesgos emocionales innecesarios. Nunca iniciaría una conversación, ni hablaría en un grupo, ni participaría en una competencia, ni le pediría a una muchacha que saliera con él, ni sería candidato en una elección, ni siquiera defendería su honor cuando fuera pisoteado. Desde temprana edad, y durante toda la vida, se enfrenta con sus sentimientos de inferioridad mostrando una mansedumbre defensiva, al haber aprendido que la mejor manera de salvar su apariencia es guardar silencio. Como dijo el comediante Jackie Vernon: «Los mansos heredarán la tierra porque serán muy tímidos para rechazarla».

En las aulas de todas las escuelas hay varios niños que han aceptado la derrota para sí mismos. En la escuela primaria se sientan año tras año en silencio, con la mirada hacia abajo. Sus compañeros los conocen como «tímidos» o «callados», pero muy raras veces comprenden sus verdaderos sentimientos. El niño retraído generalmente es juzgado mal de dos maneras principales: (1) Como es callado, reservado e indiferente, frecuentemente la gente supone que es orgulloso y altanero. ¡Imagínese eso! El niño, y también el adulto, que se siente sumamente abrumado por su propios sentimientos de inferioridad, es culpado de pensar demasiado alto de sí mismo. ¡Qué poco nos entendemos! (2) Puesto que el individuo retraído habla en muy raras ocasiones, la gente supone que no piensa. Sin embargo, es todo lo contrario, su mente es un remolino de pensamientos y sentimientos como los de todos nosotros. Pero aprende, desde temprana edad, que la mejor defensa es mantener la boca cerrada. (No obstante, éste sistema suele tener un resultado contrario para el muchacho, pues llega a ser el blanco desprotegido para el abusador del barrio.)

Estoy convencido de que, desde el punto de vista sicológico, debemos preocuparnos más por el niño retraído que por el niño más agresivo y buscapleitos. A menudo, los niños en ambos extremos necesitan de la intervención de los adultos, pero es menos probable que el niño retraído y sumiso la reciba. No molesta a nadie. Coopera con su maestro y procura evitar conflictos con sus compañeros. Pero su manera de ser callado es peligrosamente engañosa. Puede ser que los adultos que lo rodean no perciban que la imagen destructiva que se ha hecho de sí mismo se está solidificando rápidamente y nunca volverá a ser flexible. Al considerar todas las opciones para hacer frente a los sentimientos de inferioridad, probablemente retraerse sea la menos efectiva y la más dolorosa. En realidad, no es ninguna defensa. Los adultos introspectivos que escogen esta forma de actuar, corren un alto riesgo de desarrollar úlceras, jaquecas y colitis aguda, entre otras enfermedades sicosomáticas. Su actitud precavida les impide desahogar la tensión emocional que está atrapada dentro de ellos, lo cual suele producir trastornos físicos en alguna parte de su organismo. Si son amas de casa, se encierran en sus hogares, comiéndose las uñas, mirando de lejos al mundo que las rodea y a menudo llorando en soledad. Viven deprimidas y con frecuencia su única compañía es una botella de licor, que las conduce al camino del alcoholismo secreto. Un esposo, con la misma reacción a su propio problema de sentimientos de inferioridad, podría convertirse en un hombre tímido dominado por su mujer. Su falta de autoestima le impide tener la fuerza necesaria para dirigir a su familia y se tiene que conformar con ocupar el segundo lugar. En resumen, retraerse (en el sentido extremo) no es una manera muy conveniente de hacer frente al problema de los sentimientos de inferioridad.

Patrón #2
«Pelearé»

Los *mismos* sentimientos que motivan a un niño a retraerse de la sociedad impulsarán al niño o niña más agresivo a reaccionar peleando con los demás. En vez de rendirse a los sentimientos de inferioridad, como el niño retraído, el peleón se enfada con lo que ve. Está amargado y desafía a cualquiera que se atreva a enfrentársele. Busca cualquier excusa para estallar de ira y su mal genio se manifiesta ante la más pequeña provocación. Si es suficientemente fuerte como para respaldar sus amenazas, puede convertirse en el terror de la escuela. Más tarde, se vuelve un hombre desagradable, temperamental e inconforme que siempre busca problemas con alguien, quienquiera que sea. (¡Mis condolencias más profundas para la persona que está casada con un peleón habitual!)

Aunque los sentimientos de inferioridad siempre causan aflicción, el peleón es menos vulnerable a su impacto que el niño retraído. Por lo menos tiene una defensa, aunque la misma sea antisocial. Darse cuenta de este hecho es lo que crea el clima para un cambio de personalidad dramático durante los primeros años de la adolescencia. Frecuentemente un niño callado y tímido llega a la adolescencia sumiso y cauteloso. Ha evitado el conflicto a través de toda su vida y ha sufrido como resultado de haber hecho esto. Entonces, durante el tiempo natural de hostilidad en la adolescencia, aprende casi por accidente que duele menos pelear que retraerse. Y de repente, este jovencito tímido y manso se convierte en un peleón agresivo y hostil. Sus padres mueven sus cabezas mostrando incredulidad cuando su amable y complaciente hijo le declara la guerra a todo el mundo.

Cuando los sentimientos de inferioridad son más intensos, el cambio de ser retraído a ser peleón puede ir acompañado de violencia y crueldad. Eso fue lo que sucedió con Lee Harvey Oswald, asesino de John F. Kennedy. Trató de enfrentarse a sus problemas de varias maneras, pero no pudo lograrlo. Fracasó en todos sus esfuerzos menos agresivos para hacer frente a sus sentimientos de inferioridad. Finalmente, como ocurre a menudo, su tristeza se transformó en ira. Por favor, preste mucha atención a lo que voy a decir: *Es probable que en cualquier momento se produzca una explosión de comportamiento agresivo, cuando todos los intentos para aliviar el tremendo dolor causado por los sentimientos de inferioridad han fallado continuamente.*

También he estudiado la niñez de Sirhan Sirhan, asesino de Robert Kennedy. El pasado de este triste joven (que asistió a mi iglesia por un tiempo) es notablemente parecido al de Oswald en cuanto a su aspecto emocional. Según el relato de Paul O'Neil, hecho en la revista «Life» del 21 de junio de 1968, Sirhan fue «inestable e infeliz» durante toda su niñez. Cuando por primera vez su familia llegó a Estados Unidos, se sentía molesto por su propia rareza delante de los ojos de sus compañeros por ser extranjero. Bishara, padre de Sirhan, «golpeaba a sus hijos con palos y les daba puñetazos cuando le desobedecían, y en una ocasión puso una plancha caliente en uno de los talones de Sirhan». Al igual que Oswald, fue de baja estatura y durante todos los años que estuvo en la escuela, nunca se juntó con ninguna muchacha.

Aparentemente el método de Sirhan de hacer frente a sus sentimientos de inferioridad fue retraerse y rendirse. Citando de nuevo a la revista «Life»: «Era cortés y callado. Se concentró intensamente en sus estudios cuando era joven y más tarde en una filosofía religiosa difícil de entender cuando ya era adulto». Además: «Evitaba los problemas y se perdía en la multitud de alumnos en la Escuela Secundaria John Muir, de Pasadena, California, como si fuera transparente». Este joven, que estaba destinado a llegar a ser un asesino astuto, era sobre todo, un estudiante tímido y modesto.

Cuando tenía unos dieciocho años, Sirhan empezó una desesperada búsqueda con el fin de ser apto para algo, la cual no tuvo más éxito que la búsqueda de Lee Harvey Oswald. A causa de su estatura muy baja, deseaba fervientemente ser jinete de caballos de carrera de pura sangre. Triunfar como jinete le brindaba la esperanza más brillante de lograr el respeto propio, e invirtió toda su energía en tratar de alcanzar ese sueño. Solicitó empleo en el hipódromo de Santa Anita, en la ciudad de Arcadia, California, pero los encargados se dieron cuenta de inmediato que le faltaban los reflejos necesarios y la experiencia para manejar a los fogosos caballos. En vez de jinete, le dieron el empleo de «caminante» y muchacho de ejercicios, el trabajo menos respetuoso de la pista. (Un «caminante» lleva a los caballos alrededor de la pista después que han corrido.) Para aumentar su humillación, Sirhan se caía muy seguido de los caballos, lo cual le ganó el título de «comprador de tierras» en la jerga de los jinetes. Finalmente un potro lo tiró violentamente al suelo y tuvieron que llevarlo a un hospital cercano, donde los que le atendieron lo encontraron furioso. Estaba completamente humillado y se enfurecía con cualquiera que trataba de curarlo. Sirhan dejó los caballos ese día; no había alcanzado su sueño más anhelado. Ni siquiera estuvo cerca de alcanzarlo.

Poco después recibió el tiro de gracia. Sirhan se identificó totalmente con la causa árabe en la Guerra de los Seis Días contra Israel. Así que la aplastante derrota sufrida por los árabes fue para él una pérdida personal que lo agitó más allá de su control. Fue entonces o tal vez antes, que el joven «callado», «cortés» y «que evitaba los problemas» se volvió un peleón.

En resumen, los dos asesinos de los Kennedy: Oswald y Sirhan, parecen haber ido por el mismo camino muy transitado:

(1) experimentaron sentimientos de inferioridad profundamente arraigados; (2) intentaron hacer frente al problema por medio del retraimiento y la rendición; (3) sus inútiles intentos de lograr ser aptos para algo fueron un rotundo fracaso; y (4) explotaron con violencia. Este patrón está de acuerdo con la descripción del asesino típico, hecha por el doctor Karl Menninger, citada en el artículo de Albert Rosenfeld titulado: «La sicobiología de la violencia», en la edición de la revista «Life» mencionada anteriormente: «Un hombre anónimo y amargado, que se cree muy importante y es ambicioso. También se siente no amado, solo y rechazado. Anhela desesperadamente llegar a ser alguien pero nunca lo logra[...]»

El doctor Menninger indudablemente dio en el blanco en cuanto a Oswald y Sirhan. He relatado estos dos extremos para ilustrar el cambio dramático del comportamiento pasivo al patrón de más violencia.

El cambio de ser retraído a ser agresivo se puede ver a través de nuestra sociedad en otros casos menos graves. En mi opinión, este principio está detrás de la gran hostilidad de la cual se alimenta el Movimiento de Liberación de la Mujer en los Estados Unidos. Hace varias décadas, nuestra sociedad empezó neciamente a devaluar la importancia de ser esposa y madre. A la mujer norteamericana se le hizo sentir que era inútil y de poca importancia, incluso ridícula, en el papel de ama de casa. Aprendió a decir: «Sólo soy una ama de casa». El ardiente mensaje de los sentimientos de inferioridad fue predicado por los medios de difusión y hasta a través de las actitudes de los esposos. Sin embargo, las responsabilidades de los hijos y del hogar impidieron que las mujeres se liberaran. De pronto, la sensación de indignidad inició un cambio completo, lleno de emoción, yendo de la aceptación a la agresión. Lamentablemente, las esposas y madres no recibieron la honra y el respeto que su posición merece, provocando el movimiento airado que ahora está poniendo en peligro el fundamento de la familia.

En resumen, pelear es la segunda manera importante en que las personas se enfrentan a los sentimientos de inferioridad y es la causa de cierta porción de la violencia, que ahora se extiende por toda nuestra sociedad. Produce gran parte del antagonismo en la adolescencia y es probable que aparezca cuando los patrones menos agresivos de la personalidad, no logran reducir el dolor de los sentimientos de inferioridad.

Patrón #3
«Seré un payaso»

Otra manera muy común de enfrentarse a los sentimientos de inferioridad es reírse de los mismos. Al hacer una gran broma de todo, el payaso esconde la desconfianza de sí mismo que se agita en su interior. Phyllis Diller, la comediante de cabello deshilachado, ¡ha hecho una fortuna riéndose de su desastroso aspecto físico! (Sería un error pensar que a ella no le importaba su aspecto. Ella misma dice que era tímida, incapaz y retraída durante su juventud y que siempre estaba consciente de su fealdad. Entonces, de repente descubrió una manera menos dolorosa y más lucrativa de enfrentarse al problema: riéndose de ella misma. El papel que ahora desempeña en el escenario ciertamente no representa sus verdaderos sentimientos, como fue revelado hace unos pocos años cuando se sometió a una cirugía plástica para reconstrucción facial. Explicó: «Había empezado a verme muy horrible. No chistosamente horrible; simplemente mal».)

Ser un payaso es de ayuda especial para el individuo que tiene un defecto facial muy evidente. Por ejemplo, ¿qué harías si tuvieras una nariz enorme, como la de Jimmy Durante? Por dondequiera que fueras, la gente te miraría y se reiría. Durante toda tu niñez te hubieran mortificado constantemente por «el kilo de carne» que traías en la cara. ¿Qué podrías hacer para remediar la situación? ¿Estar siempre enfurecido con todo el mundo? ¿Golpearías a cualquier persona que se riera? Lo mejor que podrías hacer sería aprender a reírte también. Por consiguiente, la mayoría de los comediantes reciben su «entrenamiento» durante la niñez, cuando ser un payaso es útil como respuesta a los sentimientos de inferioridad. Jonathan Winters confiesa que su humor es una defensa en contra de los sufrimientos de su infancia. Sus padres se divorciaron cuando tenía siete años y solía llorar cuando estaba solo, porque otros niños le decían que no tenía padre. Ahora reconoce la sabiduría de las palabras de William Makepeace Thackeray, quien dijo: «El humor es el amante de las lágrimas».

Los sentimientos de inferioridad no sólo desempeñan un papel importante durante el entrenamiento de muchos comediantes, sino que luego este tema continúa siendo su fuente favorita de material humorístico. Por ejemplo, Rodney Dangerfield, basa toda su actuación en la frase: «¡Nadie me respeta!» Joan Rivers todo el tiempo hace chistes sobre su fealdad cuando era joven. Dice que era tan fea que su padre tuvo que sobornar a su novio para que se casara con ella. Pero en mi opinión, el comediante que usa más eficazmente sus sentimientos de inferioridad es el flacucho e introvertido Woody Allen. La siguiente historia de la niñez de Woody toma vida cuando él la relata:

Woody iba camino a su clase de violín cuando pasó frente a la sala de billar que frecuentaban «Floyd» y sus amigos, y quienes estaban entretenidos robando tapacubos (de automóviles que estaban en marcha). Floyd llamó a Woody con un nombre insultante, y como era un niño muy presumido, ¡Woody anunció que no permitía que nadie le hablara así! Bajó su violín y dijo: «¡Si quieres hablar conmigo, tienes que llamarme: maestro Haywood Allen!» Woody dijo que tuvo que pasar todo el invierno en una silla de ruedas. Un equipo de doctores se esforzó por quitarle el violín que tenía incrustado en el cráneo. Menos mal que fue un violín y no un violonchelo.

¿No han sido tiranizados todos los niños del mundo por algún «Floyd» alguna vez durante su niñez? Por cierto que estaba bien representado en mi ciudad natal.

Cada maestro o maestra conoce bien a los payasos de su clase. ¡El Comité de Educación pone por lo menos uno en cada aula para hacer que los maestros se ganen bien su salario! Por lo general, estos expertos en alborotar son varones, suelen tener problemas en la lectura u otra materia académica, posiblemente son de baja estatura y están dispuestos a hacer cualquier cosa, para hacer reír a los demás (comer gusanos, arriesgarse a ser expulsados de la escuela, colgarse de la rama de un árbol con sólo un dedo del pie, etcétera). Sus padres no suelen apreciar su sentido del humor y tal vez nunca reconozcan que el payaso, el peleón y el retraído tienen algo muy importante en común: los sentimientos de inferioridad.

Patrón #4
«Negaré la realidad»

Trabajé con la maestra de Jaime, un niño de siete años que todos los días llevaba puestos guantes pesados de cuero a la escuela. Rara vez se le veía sin los guantes, aun en los días más calurosos. Su maestra insistía en que se los quitara en el aula porque casi no podía sostener el lápiz. Pero tan pronto como Jaime salía al recreo o a la hora del almuerzo, se ponía los guantes de nuevo. La maestra no podía entender el motivo de su comportamiento; durante todo el año escolar no desistió en su afán de ponerse aquellos guantes voluminosos y calientes. Al hablar conmigo sobre el problema, ella mencionó casualmente que era el único niño negro en un aula llena de niños blancos. Cuando me dijo eso, sus sentimientos se hicieron evidentes. Como usaba una camisa de manga larga o una chaqueta, la única piel negra que Jaime podía ver era la de sus manos. Al llevar puestos lo guantes, escondía el rasgo que lo diferenciaba de todos los demás niños del aula.

En realidad, Jaime estaba negando la realidad. No quería ver o pensar en la causa de su insuficiencia. Su actitud es una de las maneras favoritas en que, hoy en día, las personas se enfrentan a ciertos problemas. ¡Y también es principalmente responsable por el enorme problema del alcoholismo que existe actualmente! Se sabe que hay varios millones de alcohólicos en el mundo. ¿Qué mejor ejemplo de escapar emocionalmente puede haber que vivir atontado por la bebida la mayor parte del tiempo?

Hay otras maneras convenientes de negar la realidad por un poco de tiempo. Sin duda, la necesidad de un escape temporal desempeña un papel importante en el fenómeno de la drogadicción que esta invadiendo a la juventud. Cuando se tiene una enorme desconfianza de sí mismo, la persona no puede hacer caso omiso de ello. Tiene que enfrentarse a ese problema de alguna manera y para los jóvenes, la solución más directa viene en la forma de una cápsula o una jeringuilla. Mi trabajo en un estudio realizado por la Conferencia Federal de Narcóticos, en Los Ángeles, California, con personas que toda su vida han sido adictas, confirmó mis sospechas del papel que desempeñan los sentimientos de inferioridad en la dependencia de drogas.

Existe otra manera conveniente de negar la realidad dolorosa: por medio de experiencias sicopáticas. El sicópata simplemente cierra una cortina mental y crea su propio mundo de fantasía. (La sicosis también puede tener otras causas, tales como los problemas emocionales y los trastornos bioquímicos.) Este se «enfrenta» a sus problemas negándose a creer que existen. Esta experiencia, a la que equivocadamente se le llama enfermedad mental, es la opción más lamentable que se pueda tomar.

¿Comprendes ahora, estimado lector, lo que dije en el primer capítulo de este libro y que repito a continuación?

Cuando las llaves de la autoestima parecen estar fuera del alcance de un alto porcentaje de personas, como ha ocurrido en el siglo veinte en los Estados Unidos, entonces sin duda se extienden las «enfermedades mentales», así como las condiciones neuróticas, el odio, el alcoholismo, el abuso de las drogas, la violencia y el desorden social. El valor personal no es algo que los seres humanos están en libertad de tomar o dejar. Necesitamos tenerlo y cuando no se puede lograr, todo el mundo sufre.

Muchos de los problemas sociales a los que ahora nos enfrentamos, y que parecen ser imposibles de solucionar, representan intentos desesperados, pero infructuosos, de hacer frente a los sentimientos de inferioridad. Cuando la incidencia de la desconfianza de sí mismo está en su nivel más alto, acompañada de la falta de soluciones aceptables, aumenta al máximo la probabilidad del desorden social irresistible. Si quieres, llámalo la Ley de Dobson. Pero, sin importar el nombre que le demos, estamos presenciando este fenómeno hoy en día.

Patrón #5
«Me conformaré»

Uno de los grandes mitos de hoy es que somos fuertes individualistas. De verdad nos hemos engañado en cuanto a esto. Nos gusta pensar que estamos seguros de nosotros mismos y que somos valientes a pesar del rechazo social. Pero, evidentemente esa imagen no es cierta en cuanto a la mayoría de nosotros. La verdad es que somos unos cobardes sociales. Me parece que gran parte de nuestra energía la gastamos tratando de ser como todos los demás, temblando de miedo ante la verdadera individualidad. En una ocasión Dean Martin, actor y cantante norteamericano, dijo: «¡Enséñenme un hombre que no conozca el significado de la palabra *miedo* y les enseñaré a un tonto que recibe muchos golpes!» Sin embargo, en nuestro caso no es que tenemos miedo de ser golpeados; lo que nos asusta es quedar en ridículo o ser rechazados.

Por lo tanto, la conformidad es el quinto patrón de personalidad en respuesta a los sentimientos de inferioridad. Los que toman este camino, pueden terminar sufriendo en silencio el maltrato o los insultos de la sociedad, porque tienen miedo de expresar sus propias opiniones. Buscan ganarse el aprecio de todos sin importarles el costo a sus propias convicciones y creencias. Para los adolescentes, a los cuales ya he descrito anteriormente, el deseo intenso de conformarse dicta la mayoría de sus actividades durante un período de diez o más años. Así pues, el comportamiento del adolescente es el fenómeno más contagioso que se transmite de un ser humano a otro. Por ejemplo, el año pasado un coro de jóvenes estaba cantando en público. En un momento muy conmovedor, uno de los jovencitos, que estaba cerca de una de las primeras filas, se cayó desmayado al suelo. El director siguió con la función, pero la idea del desmayo ya había sido implantada en las mentes impresionables de cincuenta y dos jóvenes. ¡Paf! Se cayó el segundo cantor. ¡Paf! ¡Paf! Se cayeron dos más. La locura corrió como un reguero de pólvora. Cinco cantores más palidecieron, se les doblaron las rodillas y desaparecieron de la última fila. Cuando el director finalmente llegó a la última línea, veinte miembros del coro estaban desmayados en el suelo. Y eso, mi amigo, es conformidad manifestada al máximo.

La conformidad también se combina con la negación de la realidad para inspirar la drogadicción entre los jóvenes. Por eso, lamento tener que decir que el problema del uso de narcóticos entre los adolescentes no será resuelto por medio de una mejor educación acerca de sus peligros. Los muchachos ya conocen las consecuencias de las drogas, probablemente mejor que nosotros. No están sordos y la mayoría de las veces usan las drogas, a pesar del precio que saben que tendrán que pagar. Aunque debemos apoyar los esfuerzos para educar a los jóvenes (pues es nuestra única esperanza de que haya un cambio), el problema de las drogas continuará hasta que ya no esté de moda el tener la experiencia de alucinarse bajo la influencia de ellas. Cuando usar drogas se convierta en algo vergonzoso, terminará la epidemia, pero no un minuto antes.

La conformidad desempeña un papel tan importante en nuestra vida social que se podría escribir un libro entero sobre este tema. Sin embargo, por el momento, basta decir que ofrece una respuesta fácil a la insuficiencia y a la baja autoestima.

Patrón #6
«Compensaré»

He presentado cinco actitudes hacia los sentimientos de inferioridad que forman parte de los patrones de la personalidad más comunes hoy día. Sin embargo, es posible que la elección de un patrón en particular no sea una decisión personal. Siempre me he sorprendido al observar cómo la sociedad dicta rígidamente cual de las cinco actitudes se espera que tome el individuo.

Por ejemplo, todo el mundo sabe que la persona gorda debe ser un alegre payaso. Parecería extraño verlo pelear o retraerse, porque esperamos ver sonrisas en las caras de nuestros amigos gorditos. Por otra parte, al pelirrojo se le hace mención de su mal genio desde temprana edad y se espera que sea un peleón. Una niña con facciones simples y voz dulce es puesta en el molde de ser retraída, le guste o no le guste. Se espera del adolescente que se conforme, pelee y tal vez niegue la realidad (en verdad los adolescentes pueden desempeñar los cinco papeles en un orden confuso porque sus personalidades están en un estado de reevaluación y cambio). Entonces esta dramática fuerza social imprime su imagen imborrable en nuestra alma y sorprendentemente hacemos lo que se nos dice que hagamos: ¡nos sometemos!

Alguien dijo:

No somos lo que pensamos que somos...
Ni siquiera somos lo que *otros* piensan que somos...
Somos lo que *pensamos* que otros piensan que somos.

Hay una gran verdad en estas palabras. Todos evaluamos lo que creemos que otros están pensando acerca de nosotros y entonces solemos desempeñar ese papel. Esto explica el porqué nos ponemos diferentes «caras» cuando estamos con diferentes grupos. Delante de sus pacientes, un médico puede ser un profesional serio, reservado y sabio. Ellos lo «ven» de esa manera y él les complace. Sin embargo, esa misma noche se reúne con sus amigos de la universidad que lo recuerdan como un joven alocado. Su personalidad puede dar la media vuelta entre la tarde y la noche, quedando tan irreconocible que si uno de sus pacientes lo viera se quedaría asombrado. Al igual, la *mayoría* de nosotros somos lo que pensamos que otros piensan que somos. Esto hace que los sentimientos de inferioridad sean más difíciles de tratar porque no sólo tenemos que cambiar el concepto que la persona tiene de sí misma, sino también su concepto de lo que todos los demás piensan de él. Muchas veces, los terapeutas pasan por alto este doble aspecto del trabajo que tienen que realizar.

Ahora llegamos al punto final. Los cinco patrones de la personalidad, explicados en las páginas anteriores, son más o menos ajustes defectuosos. Ofrecen métodos temporales para hacer frente a los sentimientos de inferioridad, pero la desconfianza de sí mismo perdura. Hay una opción mejor, que describí antes: la compensación. El razonamiento inconsciente del compensador es algo así:

> Me niego a ser ahogado en un mar de sentimientos de inferioridad. Puedo lograr la suficiencia por medio del éxito si me esfuerzo. Así que dedicaré toda mi energía al baloncesto (o a la pintura, o costura, o política, o escuela, o jardinería, o a ser madre, o agente de ventas. O para un niño: a la escuela primaria, o a tocar el piano, o jugar fútbol).

Este tipo de compensación provee la energía emocional para casi cualquier clase de comportamiento humano próspero. En un famoso estudio realizado por Victor y Mildred Goertzel, titulado: *Cradles of Eminence* [Las cunas de la eminencia], se investigó el pasado hogareño de cuatrocientas personas que habían alcanzado el éxito en sus vidas. Todos eran individuos que habían llegado hasta la cumbre. Eran hombres y mujeres cuyos nombres todos los reconoceríamos como brillantes, o sobresalientes en sus respectivos campos (Churchill, Gandhi, F.D. Roosevelt, Schweitzer, Einstein, Freud, etcétera). La intensa investigación de su niñez en sus hogares, reveló descubrimientos sorprendentes:

(1) Tres cuartas partes de los niños sufrieron por diversas causas: pobreza; padres divorciados; padres que los rechazaban, sobreposeían, alejaban o dominaban; inestabilidad económica; falta de satisfacción de los padres debido a las derrotas escolares de los hijos o por las vocaciones que escogían.

(2) Setenta y cuatro de entre ochenta y cinco autores de ciencia ficción o de drama, al igual que dieciséis de entre veinte poetas, provenían de hogares donde cuando eran niños habían visto tensos dramas sicológicos protagonizados por sus padres.

(3) Más de la cuarta parte de todos los que fueron investigados tuvieron desventajas físicas durante su niñez. Fueron ciegos, sordos, inválidos, enfermizos, poco atractivos, demasiado pequeños o gordos o padecieron de algún defecto del habla.

Es bastante evidente que la necesidad de compensar las desventajas fue un factor importante en sus esfuerzos por el logro personal. Posiblemente hasta haya sido el factor decisivo.

Ha habido miles, tal vez millones, de personas insuficientes que utilizaron la compensación para lograr el respeto y la confianza en sí mismas. Tal vez la vida de la señora Eleanor Roosevelt, quien fue primera dama de los Estados Unidos, sea la ilustración más clásica. Habiendo quedando huérfana a los diez años, padeció una niñez de absoluta agonía. Era muy poco atractiva y nunca sintió que realmente pertenecía a nadie. Según Victor Wilson, del Newhouse News Service [Servicio de Noticias Newhouse]: «Era una joven introvertida, sin sentido del humor e increíblemente tímida, que no podía superar su inseguridad personal y estaba convencida de su propia insuficiencia». Sin embargo, el mundo sabe que la señora del presidente Roosevelt se liberó de sus cadenas emocionales. Como dijo Wilson: «[...] de alguna fuente interior, la señora de Roosevelt se llenó de un valor fuerte e inquebrantable, templado por un dominio propio y una autodisciplina sorprendentes[...]» Esa «fuente interior» tiene otro nombre muy apropiado: ¡compensación!

Es evidente que la *actitud* de uno acerca de cualquier impedimento, determina el impacto que éste tendrá en su vida. Se ha hecho popular echarle la culpa del comportamiento irresponsable a las circunstancias adversas. Por ejemplo, la pobreza *causa* el crimen, los hogares divididos *producen* la delincuencia juvenil, una sociedad enferma *impone* la drogadicción en sus jóvenes. Este razonamiento erróneo quita la responsabilidad de los hombros del individuo. Esta es una excusa falsa. Cada uno de nosotros tiene que decidir lo que hará con sus sentimientos de inferioridad interna o con la adversidad externa.

Es cierto que hay que tener valor para triunfar a pesar de las desventajas. Se necesita de valentía para poder compensar. El camino más fácil es sumirse en la autocompasión, enloquecerse con las drogas, odiar al mundo, huir, retraerse, renunciar a los principios de uno. Sin embargo, no importa el curso final que tomemos, la decisión es únicamente nuestra y nadie nos la puede quitar. La adversidad *no* determina nuestro comportamiento, pero claramente influye sobre el mismo.

Como dije en la Estrategia #4, los padres pueden abrir la puerta para las «decisiones» responsables al darles a sus hijos los medios para compensar, comenzando desde el transcurso de los años medianos de la niñez. Si no llevan a cabo esta importante labor, que es responsabilidad del padre y de la madre, aumentan la probabilidad de que sus hijos adopten alguno de los patrones de comportamiento menos provechosos. Sin duda, de estas seis opciones, la compensación es la mejor para tu hijo.

Preguntas y respuestas

(1) *Me interesa su declaración de que el comportamiento iracundo y hostil suele ser una respuesta a los sentimientos de inferioridad. ¿Podría dar otros ejemplos de esta fuerza motivadora?*

Esa es una pregunta fácil de contestar. En realidad, hoy en día el enojo se ha convertido en la manera aceptada de enfrentarse a los sentimientos de inferioridad. Además del Movimiento de Liberación de la Mujer en los Estados Unidos, que mencioné anteriormente, existen otros movimientos que son activados por los mismos sentimientos prolongados de inferioridad, entre los cuales se encuentran: el enfurecido Movimiento de Derechos Civiles para los Negros, el Movimiento de Liberación de los Homosexuales y la Liga de Defensa Judía. Incluso, los sentimientos de inferioridad motivan las guerras y la política internacional. ¿Qué les dijo Hitler a los alemanes en 1939? Les aseguró que habían perdido la Primera Guerra Mundial por culpa de sus líderes; que ellos en realidad eran seres humanos *superiores*. Estaba aprovechándose de sus sentimientos de inferioridad como pueblo derrotado y humillado. Me imagino que estaban más dispuestos a pelear por este nuevo orgullo que por cualquier otro factor. Más recientemente, en el año de 1973, los árabes atacaron a Israel principalmente para vengarse de su derrota vergonzosa en la Guerra de los Seis Días en 1967. El mundo entero se burló de la impotencia árabe, lo cual fue más intolerable que la pérdida de tierras o que la muerte y la destrucción que sufrieron. La revista «Time», en su edición del 22 de octubre de 1973, citó a un periodista árabe poco después de haber empezado la guerra de 1973, el cual dijo:

> No importa si los israelitas terminan contraatacándonos y obligándonos a retroceder. Lo que importa es que el mundo ahora ya no se reirá más de nosotros.

Además, la evidencia reciente sugiere que los sentimientos de inferioridad son la fuerza mayor detrás de la enorme cantidad de violaciones sexuales de hoy en día. Si el acto sexual fuera el único objetivo del violador, éste podría encontrar satisfacción con una prostituta. Pero algo más está involucrado. La mayoría de los violadores aparentemente quieren humillar a sus víctimas. Habiendo fracasado con las muchachas durante la adolescencia y el comienzo de su vida de adulto, buscan la superioridad sexual deshonrando a mujeres indefensas y aprovechándose de ellas.

¿Y qué se puede decir de la violencia agresiva en las escuelas de los Estados Unidos que ha estado aumentando continuamente en los últimos años? ¿Puede atribuírsele a la frustración de los sentimientos de inferioridad? Me inclino a creer que sí. ¿Y qué mejor explicación puede haber del vandalismo que destruye millones de dólares de propiedad escolar cada año? Los educadores hacen que los alumnos se sientan inferiores durante el día y luego sufren la represalia de ellos, bajo las sombras de la noche.

Hay infinidad de ejemplos. Por eso he afirmado que el caos social en todas sus formas puede ser atribuido a los sentimientos de insuficiencia e inferioridad. Claro que existen muchas otras causas, pero ninguna es tan poderosa.

(2) *Usted dijo que una persona actúa según cómo cree que es visto por los demás. ¿Pueden usar este principio los padres para educar a sus hijos?*

Por supuesto. Si permitimos que un niño sepa que pensamos que él es flojo, desordenado, mentiroso, desagradable e imprudente, ese niño probablemente probará que tenemos razón. Sin duda, es mejor hacerlo alcanzar una imagen positiva, que agacharse para igualar una imagen que está al nivel del suelo.

(3) *Mi hijo tiene sólo tres años y aún es muy tímido. No permite que nadie lo tome en brazos, excepto los miembros de la familia, y ni siquiera puede mirar a un extraño a los ojos. ¿Cómo puedo hacerlo cambiar?*

A su edad, la timidez no debe ser motivo de preocupación. Se está refugiando en la seguridad de lo que ya conoce, porque se siente amenazado por lo que es nuevo. Esta es una maniobra razonable. Sería un error tratar de arrancarlo de la seguridad de tus brazos demasiado rápido, aunque debes empezar a caminar en esa dirección. Si durante el próximo año no se produce ningún cambio en su timidez y vergüenza, te recomendaría que usaras el método de la escuela de párvulos, que ha sido comprobado a través del tiempo, para ayudarle con esta tarea. Sería muy prudente introducirlo poco a poco a un buen programa preescolar, lo cual se logra con los siguientes cuatro pasos:

(1) Háblele de las cosas interesantes que pronto estará haciendo en la escuela de párvulos. Intenta abrir su apetito durante las dos semanas antes de entrar.

(2) Llévalo a visitar a la maestra por lo menos dos veces, posiblemente, en días consecutivos cuando no estén presentes otros niños. Dile a la maestra el nombre de su perro o gato y otros temas familiares de los que podrían conversar.

(3) Permítele observar a los otros niños jugar desde lejos, estando tú cerca. No es necesario que se relacione con otros niños este día.

(4) El cuarto paso trae el día de «sumergirlo», aunque grite con todas sus fuerzas cuando te vayas. Sus compañeros se encargarán de lo demás.

En pocas palabras, la timidez en un niño de tres años no es algo raro y no vale la pena preocuparse por ella. Si en los próximos años fuera necesario obligarlo a soltarse, se logrará con más éxito si lo animas a hacerlo poco a poco, en vez de arrancarle sus lazos de seguridad de un golpe.

(4) *Específicamente, ¿preferiría que su propio hijo fuera retraído o peleón?*

Es como si me preguntaras si preferiría que mi hijo tuviera paperas o sarampión. Ambas son enfermedades y no prefiero a ninguna de las dos. Tanto retraerse excesivamente como ser demasiado agresivo son señales de presión emocional. Sin embargo, si me viera obligado a escoger entre estos dos patrones de comportamiento, escogería al peleón. Es probable que sea más fácil de controlar la molestia causada por este.

6

LOS ÚNICOS VALORES VERDADEROS

Finalmente, volvemos al punto de partida, que es el tema de los valores sociales. Habiendo rechazado el atractivo físico, la inteligencia y el materialismo como factores determinantes del valor del ser humano, ahora debemos decidir qué es lo que ocupará el lugar de éstos. ¿Has examinado cuidadosamente los valores que les estás inculcando a tus hijos? ¿Estás siguiendo un plan bien delineado para beneficio de ellos, inculcándoles actitudes y conceptos que son dignos de su dedicación? El espíritu humano debe contar con algo significativo en lo cual creer, y la responsabilidad que los padres tienen de instruir a sus hijos es demasiado importante, para realizarla a la ligera.

Creo que la más valiosa contribución que los padres pueden hacer a favor de sus hijos es inculcarles una fe genuina en Dios. ¿Qué mayor satisfacción puede experimentar nuestro ego que la de saber que el Creador del universo nos conoce personalmente? Que me considera más valioso que todas las posesiones del mundo entero; que comprende mis temores y ansiedades; que me extiende su mano infinitamente amorosa cuando nadie se interesa en mí; que su Hijo unigénito dio su vida por mí; que puede convertir mis desventajas en algo positivo y el vacío que hay en mi alma en plenitud de gozo; que viene una vida mejor que ésta, en la cual los impedimentos y las insuficiencias serán eliminadas, ¡donde el dolor y el sufrimiento terrenales no serán nada más que un borroso recuerdo! ¡Qué hermosa filosofía con la cual «cubrir» a su pequeño hijo! ¡Qué fantástico mensaje de esperanza y aliento para el desesperado adolescente que ha sido aplastado por las circunstancias de la vida! Esta es la autoestima en su nivel más alto, que no depende de ningún capricho relacionado con el nacimiento, con la opinión de la sociedad o el culto al superniño, sino de un decreto divino. Si éste es el opio de los pueblos, como le llamó Karl Marx, ¡entonces he invertido toda mi vida en la validez de la promesa de Dios!

¿Por qué enfatizo tanto el papel que desempeña la fe cristiana respecto a la autoestima y al valor personal de nuestros hijos? Porque esta creencia nos ofrece la única manera de vivir que puede librarnos de la tiranía del «yo». No nos equivoquemos. El ego humano es un dictador cruel. Cuando se siente insatisfecho, como le ocurrió a Lee Harvey Oswald y a muchos otros de sus contemporáneos, puede paralizar a su víctima, destruyendo hasta el último vestigio de confianza e iniciativa. Y por otra parte, cuando se le mima, su sed y su avidez se vuelven más insaciables. A diferencia del apetito por la comida, el agua, el sexo y otros requisitos fisiológicos del cuerpo, la necesidad de autoestima se vuelve más exigente cuando se le satisface. Por ejemplo, típicamente los famosos generales de distintos ejércitos, después de haber recibido honores y alabanzas de millones de soldados y civiles, no se volvieron más humildes al haber aumentado su fama y su poder. Los generales Douglas MacArthur, George Patton, Charles DeGaulle, el mariscal de campo B.L. Montgomery y otros líderes militares aliados de la Segunda Guerra Mundial, no se sintieron agobiados por el peso de la humildad y la abnegación. De la misma manera, los reyes y las reinas, los políticos, los campeones atléticos y los médicos famosos tienden a volverse más egocéntricos según aumenta su rango social. En realidad, he notado que mientras más se exalta a una persona, más «derecho» creerá tener para revelar sus exigencias infantiles.

José Stalin y Adolfo Hitler, los dos asesinos más sanguinarios de todos los tiempos, se embriagaron con la satisfacción de sus propios egos. A medida que el poder de Stalin aumentó en Rusia, exigió cada vez más subordinación y reverencia de sus seguidores. Colocó estatuas, retratos y monumentos de sí mismo por todo el país, y le dieron nombre a un sinnúmero de calles, lugares históricos y hasta ciudades, en honor suyo. Según aumentaba su orgullo, aumentó también su brutalidad. Cualquiera que se atreviera a desafiar sus opiniones, aun en los asuntos más insignificantes, desaparecía muy pronto de la faz de la tierra. Y en uno de los más espantosos ejemplos de exaltación propia jamás visto, hizo asesinar a muchos de los habitantes de la ciudad donde vivió durante su infancia, ¡con el fin de poder escribir su autobiografía sin que hubiera testigos que pudieran contradecirle! ¿Puedes imaginarte a un maestro, entrado en años, de pie ante un pelotón de fusilamiento, por el solo delito de recordar a su antiguo alumno? Se ha dicho que bajo las órdenes de Stalin se ejecutó a sangre fría entre diez a treinta millones de personas, ¡muchas de las cuales murieron por el único motivo de que el desenfrenado ego de Stalin exigía que fueran quitadas de en medio!

El historial de Adolfo Hitler es mejor conocido, pero no menos horripilante. Existen muchas razones para creer que su despiadado exterminio de seis millones de judíos fue el resultado de su creencia de que su raza había contribuido a su propio complejo de inferioridad. En verdad, el ego del ser humano es un tirano temible cuando se le da rienda suelta.

Por otra parte, los principios del cristianismo pueden librarnos de esta tiranía del ego. Nos mueven a exaltar a los demás y no a nosotros mismos, al mismo tiempo que determinamos la importancia de los seres humanos de acuerdo con una escala de valores muy diferente de la que utiliza la sociedad. Jesucristo nunca dijo que las personas hermosas tienen alguna ventaja sobre las demás; jamás les brindó favores especiales a los intelectuales; no fue parcial hacia los ricos; no le impresionaban las personas de linaje noble o aristócratas. En realidad, en el versículo 15 del capítulo 16 del Evangelio de Lucas, expresó su desdén por éstos y otros valores sociales:

Lo que los hombres tienen por sublime, delante de Dios es abominación.

En otras palabras, Dios aborrece las cosas que consideramos más valiosas, porque sabe cuán insensato es que idolatremos lo que sólo podemos retener por un poco de tiempo.

Pero ¿cuáles cosas son valiosas para Dios? No podemos sustituir nuestro sistema con el suyo a no ser que sepamos lo que él ha dispuesto personalmente. Afortunadamente, la Biblia nos provee la clave del sistema de valores de Dios para la humanidad, que según mi entender, se compone de seis principios muy importantes que son los siguientes: (1) devoción a Dios; (2) amor a la humanidad; (3) respeto a la autoridad; (4) obediencia a los mandamientos divinos; (5) autodisciplina y dominio propio y (6) humildad de espíritu. Estos seis conceptos provienen de la mano de nuestro Creador, y son absolutamente válidos y apropiados para nuestras vidas. Cuando estos principios se ponen en práctica, estimulan al niño a *buscar* las oportunidades que este mundo le ofrece, en vez de obligarlo a *esconderse* y vivir una vida solitaria, apartado de todo el mundo. *No conducen a la persona a la neurosis y a la desesperación, como lo hacen los falsos valores humanos, sino a un saludable estado físico y emocional.* ¿No será esto lo que quiere decir la afirmación hecha en Isaías 54.13: «Y todos tus hijos serán enseñados por Jehová; y se multiplicará la paz de tus hijos»?

El saludable concepto de sí mismo que Cristo enseñó, no trae consigo arrogancia y orgullo, ni sentimientos de inferioridad y falta de valor personal, sino una actitud de reverencia a Dios y a todos los miembros de la familia humana. Debemos ver a nuestros semejantes como personas que no son ni mejores ni peores que nosotros; más bien, debemos amarles *como* a nosotros mismos, y este precepto coloca al tema del valor personal en su perspectiva apropiada.

¡Pruébalo, que te va a gustar!

EPÍLOGO

Han pasado cinco años desde que escribí el libro que acabas de leer [con el título original de *Hide or Seek*]. Y durante esos años nuestra sociedad, que cambia velozmente, se ha sacudido como resultado de muchos cambios y adelantos importantes. Sin embargo, el tema de este libro sigue siendo tan aplicable hoy en día como cuando fue escrito. Una «epidemia de inferioridad» continúa haciendo estragos entre los jóvenes (y atormentando a los adultos). Una rápida comparación de la situación de ese tiempo con la de ahora muestra claramente un aumento en los casos de alcoholismo, divorcios, abuso infantil, violaciones, incendios provocados, asesinatos y suicidios de adolescentes. Y sin duda alguna, también han aumentado la insuficiencia espiritual, la soledad y la depresión.

Cuando escribí este libro traté de mostrar cómo, en la mayoría de los casos, estos ejemplos de desorden social (y especialmente los crímenes violentos) están relacionados con la baja autoestima. Comenzamos con la agonía personal de Lee Harvey Oswald y vimos cómo esta le condujo a asesinar a John Fitzgerald Kennedy. Desde esos días tormentosos, cientos de crímenes violentos han dado validez a esta conexión entre el aborrecimiento de sí mismo y los asesinatos absurdos.

Por ejemplo, Gary Mark Gilmore fue ejecutado en Utah por el asesinato de un empleado de un motel, que estaba desarmado. Poco antes de su muerte, en el número del 29 de noviembre de 1976 de la revista «Time» publicaron una entrevista en la que dijo lo siguiente: «Mi alma está ardiendo y está pidiendo a gritos que la dejen desocupar esta fea casa». Esas pocas palabras nos hablan de toda una vida de aversión consigo mismo y de desesperación. En un artículo publicado en un número de la revista «Newsweek», de fecha anterior, se nos deja ver cuál fue la motivación de Lynette «Squeaky» [Chillona] Fromme, quien trató de asesinar al presidente Gerald Ford. Presta atención a los sentimientos de inferioridad que impregnan el relato:

Una noche en 1976, un muchacha de diecisiete años de edad, de rostro abultado y cabeza desgreñada, estaba sentada en una acera en la ciudad de Venice, California. Siempre había pensado que era fea y que nadie la quería, y lloraba desconsoladamente. Poco después, refiriéndose a esa ocasión, ella dijo: «Un hombre se me acercó y me dijo: "Tu padre te echó de la casa[...]" Ese hombre me pidió que me fuera con él. Le dije que no[...] y entonces me dijo que le gustaría que yo fuera con él, pero que era libre para escoger lo que quería hacer. Nunca nadie me había tratado así. No me obligó a ir con él. Así que recogí todas mis cosas y me fui con él. Ese hombre era Charles Manson». La muchacha era Lynette Alice Fromme, más conocida por sus amigos como «Chillona», quien la semana pasada, de pie en otra acera en California, le apuntó con un revólver a Gerald Ford («Newsweek», 15 de septiembre de 1975, p. 18).

Más adelante, en el mismo artículo, «Chillona» explicó el porqué se sintió atraída a Charles Manson. Dijo: «Un perro se acerca a quien lo quiere y lo cuida». Y en un artículo publicado en el periódico *Indianapolis Star*, del 16 de octubre de 1975, apareció una entrevista realizada con Agnes Mahoney, quien fue directora de la escuela primaria donde Manson estudió cuando era niño. Varios de sus comentarios acerca de él fueron muy importantes:

Aproximadamente durante ese tiempo en la vida de Charles Manson, su madre fue acusada de adulterio y se fue de la ciudad donde vivían, abandonando a su hijo. En los registros de la escuela de varones se da constancia del padre de Manson como «desconocido».

Nosotros tratamos de animar a Charles para que participara en distintas actividades y deportes, pero siempre tenía una excusa para no hacerlo. Decía que le dolía un brazo o que tenía dolor de cabeza. *Probablemente, esto es lo que recuerdo más de él: el hecho de que era muy tímido y nunca se juntaba con otros muchachos[...] Me acuerdo de una ocasión en la que me dijo que sentía que nadie lo quería. No pude convencerlo de lo contrario.* (Cursivas añadidas por mí.)

La señorita Mahoney concluyó diciendo: «Todavía no puedo creer que ese muchacho tímido pudo convertirse en el hombre que hizo todas esas cosas terribles».

La personalidad tímida e introvertida, de Charles Manson también es característica de muchos otros asesinos en serie. Consideremos el extraño ejemplo de David Berkowitz, el asesino convicto en la ciudad de Nueva York, conocido como «Hijo de Sam». Fue capturado después de haber asesinado a seis personas y herido a siete más, durante los años de 1976 y 1977. Su caso fue estudiado por un sicólogo desde el siguiente punto de vista:

¿Qué podemos aprender del caso del «Hijo de Sam»? Que aislarse es algo muy malo. Arruina el alma. Una de las cosas más significativas en relación con este hombre fue su aislamiento. Tal vez si hubiera tenido alguien con quien hablar habría podido desahogar su enojo y no habría cometido ningún asesinato. No podemos vivir sin amor.

Ahora bien, es evidente que no todas las personas que «viven sin amor» se convierten en asesinos en serie. Sencillamente, lo que quiero decir es que el desorden social de todo tipo, se origina en los sentimientos de falta de valor personal durante los primeros años de la niñez. Y si esta idea es correcta, entonces podemos ver bien claro que la principal tarea de los padres y de los maestros es: *Desarrollar mejores métodos para proteger las mentes de los jóvenes de las fuerzas destructivas que las podrían oprimir o mutilar.*

Con ese fin, durante los últimos cinco años, dos estrategias adicionales se han vuelto cada vez más importantes en mi manera de tratar con los niños. En realidad, considero que las dos sugerencias siguientes son más importantes que las diez expuestas anteriormente en el texto original de este libro. Cada una de estas estrategias ofrecen un elemento preventivo fundamental, que podría ser decisivo en la vida de un niño particularmente vulnerable. Quizás te sean de mucha utilidad.

Estrategia #11
Enseñar a los niños a ser bondadosos

Recientemente se me pidió que contestara la siguiente pregunta: «¿Qué característica de la cultura occidental debiera cambiarse con el fin de producir un porcentaje más alto de niños y adultos emocionalmente saludables?» Esta es un pregunta muy interesante, la cual probablemente recibiría una respuesta muy singular de cada profesional que tratara de contestarla. Pero, de acuerdo con mi perspectiva, el cambio más importante sería que activamente los adultos empezaran a enseñar a los niños a amarse y a respetarse mutuamente y, por supuesto, a demostrar ese amor en su propias vidas.

Sin embargo, en vez de mostrar bondad y sensibilidad, a menudo se les permite a los niños comportarse de una manera tremendamente cruel y destructiva, especialmente con el niño que padece de defectos físicos o mentales, feo o lento para aprender, que carece de coordinación, extranjero o que pertenece a una minoría, bajo de estatura o muy alto o que sea diferente en cualquier característica por insignificante que esta sea. Y podemos predecir que frecuentemente los efectos del daño causado a las jóvenes víctimas duran para toda la vida.

Al aconsejar a pacientes neuróticos he visto que los problemas emocionales suelen originarse, en una de estas dos situaciones (o en ambas): En una relación con los padres en la que no existe amor ni estímulo o en la incapacidad de ganarse la aceptación y el respeto de los amigos y compañeros. En otras palabras, se puede comprobar que (con la excepción de las enfermedades orgánicas) la mayoría de los problemas emocionales surgen debido a relaciones destructivas con otras *personas*, durante los primeros veinte años de vida.

Si mi suposición es correcta, los adultos deberían dedicar sus energías creativas a la enseñanza del *amor* y la *dignidad*. Y, si fuera necesario, debemos *insistir* en que los niños se traten los unos a los otros de una manera bondadosa. ¿Se les puede enseñar a los niños y a las niñas a respetar a sus amigos y compañeros? ¡Desde luego que sí! Por naturaleza, los jóvenes son más sensibles y compasivos que los adultos. Su crueldad es una reacción *aprendida* como resultado del mundo sumamente competitivo y hostil, que sus líderes han permitido que se desarrolle. En pocas palabras, los niños son destructivos con los débiles y con los humildes, porque nosotros los adultos no les hemos enseñado a «sentir» lo que sienten los demás.

Quizás el siguiente ejemplo sirva para explicar mi preocupación. Una mujer me contó recientemente la experiencia que tuvo como ayudante, en el aula de la clase de cuarto grado de su hija. Ella visitó el aula el Día de los Enamorados, para ayudar a la maestra con la fiesta tradicional. (Este día puede ser uno de los más dolorosos en la vida de un niño que no es popular. Todos los alumnos *cuentan* la cantidad de tarjetas de felicitación, que los demás les han dado como medida directa de su valor social.) Esta madre me dijo que la maestra anunció que la clase iba a realizar un juego en el que era necesario formar dos equipos compuestos de niños y niñas. Ese fue su primer error, puesto que los alumnos de cuarto grado aún no han experimentado los efectos de las felices hormonas que atraen a los sexos. Cuando la maestra dijo a los muchachos que cada uno escogiera a su pareja, todos se rieron e inmediatamente señalaron a la niña más fea y menos respetada del aula. Era obesa, dentuda y tan tímida que no se atrevía a mirar a nadie directamente a los ojos.

Todos los muchachos, fingiendo terror, dijeron: «No nos ponga con Enriqueta. Pónganos con *cualquiera otra*, menos con ella. ¡Podemos contraer alguna enfermedad! ¡Líbrenos de la horrible Enriqueta!» La madre esperó a que la maestra (que era una mujer muy rigurosa en su enseñanza) defendiera inmediatamente a la pequeña niña acosada por sus compañeros. Sin embargo, se sintió defraudada cuando vio que no les dijo nada a aquellos niños insolentes y dejó que Enriqueta se enfrentase a esa dolorosa situación, completamente sola.

Cuando la burla proviene del mismo sexo causa angustia, pero cuando el rechazo proviene del sexo opuesto es como un puñal que se clava profundamente en la autoestima. ¿Qué podía decir esa niña como respuesta a palabras tan crueles? ¿Cómo podría defenderse una niña gorda como ella, de nueve muchachos agresivos? ¿Qué más podía hacer sino sonrojarse y quedarse sentada como una tonta? Esta niña, a la que Dios ama más que a todas las posesiones del mundo, nunca olvidará lo que le sucedió ese día, ni a la maestra que la abandonó en el momento que más la necesitaba.

Si yo hubiera sido la maestra de Enriqueta, en ese fatal Día de los Enamorados, esos muchachos burlones habrían tenido un problema bien grande. Por supuesto, que habría sido mejor si se hubiera podido evitar que alguien avergonzara a alguno de los alumnos, al hablar con todo el grupo desde el primer día de clases sobre los sentimientos de los demás. Pero si hubiera sucedido lo que lamentablemente sucedió y el ego de Enriqueta hubiera estado hecho trizas delante de los ojos de todos, mi reacción habría sido estar de su lado y hacer valer todo el peso de mi autoridad.

Mi reacción espontánea me habría hecho decir algo, más o menos así: «¡Esperen un momento! ¿Qué derecho tienen para decir esas cosas tan crueles de Enriqueta? Quiero saber ¿cuál de ustedes es tan perfecto como para que alguien se burle de él? Yo los conozco a todos bastante bien. Sé algunas cosas de sus hogares, conozco sus calificaciones y también algunos de sus secretos personales. ¿Les gustaría que se lo dijera a la clase entera, para que todos nos riéramos de ustedes de la misma manera en que lo han hecho con Enriqueta? ¡Lo puedo hacer! Puedo hacer que ustedes se sientan tan mal que quieran desaparecer de la faz de la tierra. Pero, ¡escúchenme! No tengan miedo. *Nunca* les voy a avergonzar de esa manera. ¿Por qué no? Porque *duele* cuando los amigos se burlan de uno. Duele más que si tropezáramos con una piedra o nos cortáramos un dedo o nos picara una avispa».

«Les quiero preguntar lo siguiente, a los que estaban divirtiéndose tanto hace unos momentos: ¿Alguna vez se ha burlado de ustedes un grupo de muchachos o muchachas de la manera en que lo han hecho con Enriqueta? Si nunca les ha ocurrido, prepárense, porque algún día les va a suceder también. Van a decir alguna tontería y alguien va a señalarles con el dedo, y se van a reír de ustedes en su propia cara. Y cuando eso ocurra quiero que recuerden lo que ha sucedido hoy aquí».

Después, me dirigiría a toda la clase y le diría: «Necesitamos estar seguros de haber aprendido algo muy importante por medio de lo que ha sucedido aquí esta tarde. En primer lugar, *no debemos ser crueles con los demás*. Nos reiremos juntos cuando algo cómico ocurra, pero no lo haremos si fuéramos a hacer sentirse mal a alguien. En segundo lugar, *nunca haré intencionalmente nada que pueda avergonzar a alguien en la clase*. Pueden estar seguros de eso. Todos ustedes son hijos de Dios. Él los moldeó con sus amorosas manos y nos ha dicho que todos tenemos el mismo valor como seres humanos. Esto quiere decir que Enriqueta no es ni mejor ni peor que Carlos, María o Arturo. A veces pienso que quizás ustedes creen que algunos son más importantes que los demás. Eso no es cierto. Cada uno tiene un valor incalculable para Dios y cada uno vivirá para siempre en la eternidad. Eso nos dice cuán valiosos son. Dios ama a cada niño y niña en esta aula. Y por eso *yo* les amo también. Dios quiere que todos seamos bondadosos con los demás y durante todo el año vamos a practicar la bondad».

Cuando una maestra o un maestro fuerte y amoroso defiende a la niña o al niño más desvalido de la clase, de la manera que he descrito, algo dramático ocurre en el ambiente emocional del aula. Todos los niños experimentan una sensación de alivio. El mismo pensamiento da vueltas en sus cabezas: *Si Enriqueta está segura de que nadie va a ridiculizarla, aun ella que es obesa, yo estoy seguro también*. ¿Ves? Cuando un maestro defiende a la niña menos popular del aula está demostrando: (1) que no tiene «preferidos»; (2) que respeta a todos sus alumnos por igual; y (3) que apoyará a cualquiera que sea tratado injustamente. Estas son tres virtudes que los niños aprecian mucho y que contribuyen a la salud mental de todos.

Quiero sugerirles a todos los padres que *defiendan al débil y desamparado del vecindario*. Es necesario que les hagas saber a los demás que tienes el valor de hablar a favor de los que son rechazados. Explícales esta filosofía a tus vecinos y trata de crear un refugio emocional para los niños que están padeciendo el rechazo de otros. No tengas temor de actuar con autoridad a favor del jovencito que está siendo maltratado. No hay nada más valioso en lo que puedes invertir tu tiempo y tus energías.

Este mensaje es especialmente importante para los niños cuyos padres son cristianos, y que necesitan aprender a ser compasivos y bondadosos desde los primeros años de sus vidas. Después de todo, Jesús le dio la mayor importancia a la expresión del amor hacia Dios y hacia el prójimo. Sin embargo, la mayoría de las veces no se enfatiza lo suficiente en la instrucción cristiana. Por ejemplo, en muchas Escuelas Dominicales se enseña muy diligentemente acerca de Moisés, Daniel y José, pero permiten que se produzcan situaciones caóticas en las que los alumnos se divierten destrozándose mutuamente sus egos. En realidad, cuando una Escuela Dominical carece de un liderazgo firme puede convertirse en el lugar más «peligroso» para el niño. Por eso me gustaría ver que los que sirven en la Escuela Dominical actúen rápidamente en defensa del niño débil y desamparado que está siendo atormentado por otros muchachos y que, al hacerlo así, hablen claramente del valor del ser humano y del amor de Jesús.

Pero, sinceramente, no sé el porqué tengo que decir esto. Se me hace difícil entender cómo es posible que les tenga que hacer esta recomendación a los adultos con el fin de que protejan al niño vulnerable que no puede defenderse. ¿Qué extraña inhibición fue la que hizo que una maestra cariñosa permaneciera inmóvil mientras se le causaba tanto daño a la autoestima de una niña de cuarto grado? ¿Por qué hay madres que permiten que sus hijos se hagan daño emocionalmente y lo único que hacen es rogarles que se callen? De alguna manera, los adultos pensamos que no tenemos derecho de intervenir en el mundo de rivalidad de los niños. Bueno, yo considero que *sí* tenemos ese derecho. En realidad tenemos la obligación de hacerlo y decir: «¡Quiero que entiendan que *nadie* será tratado con falta de respeto en esta casa! ¡*Punto*! ¡Y el que a sabiendas quebrante esta regla sufrirá las consecuencias!» Este es un requerimiento que los niños agradecen, aun cuando traten de desobedecerlo.

Mi opinión sobre este tema está influenciada significativamente al observar a los niños de otras culturas. Me he dado cuenta de que no todas las sociedades son tan competitivas y amenazantes para el ego de los jóvenes como la nuestra. Este hecho fue enfatizado por un amigo mío, que es pediatra, quien hace poco visitó la República Popular de China. Se quedó sorprendido cuando vio que los niños chinos reaccionaban de una manera muy diferente de como lo hacen los occidentales al estar en grupo y en público. Casi no mostraron ninguna de la timidez e inseguridad que son tan características de los estudiantes occidentales cuando se encuentran delante de sus compañeros. A pesar de la presencia de visitantes en sus aulas, estos niños recitaron sus lecciones sin demostrar inquietud alguna. También participaron con mucho entusiasmo en exposiciones y representaciones dramáticas.

Parece que los niños chinos tienen más confianza en sí mismos porque, en realidad, viven en un ambiente menos amenazante. Se les enseña, como consecuencia del sistema comunista, a ver a los demás muchachos como sus «camaradas» y «compañeros de trabajo». Además, se reduce la competencia entre los alumnos y se enfatiza la cooperación. El resultado es que crecen en un clima menos agresivo.

Si lo que dije anteriormente es correcto (que el rechazo de los compañeros durante los primeros años de la niñez es perjudicial para la salud emocional), entonces debemos correlacionar el clima social de China, que contribuye a que los niños se sientan seguros en cuanto a su valor personal, con una baja cantidad de casos de trastornos mentales durante la edad adulta. Y como era de esperar, ese fue el descubrimiento del doctor Paul Lowinger, siquiatra que viajó a través de la China en 1975 con el fin de inspeccionar los hospitales siquiátricos y las actitudes hacia la salud mental en ese país. Lo que sigue a continuación ha sido tomado de su informe publicado en *Medical Dimensions* del mes de diciembre de 1976:

Por toda la China les hicimos, valientemente, preguntas a los ciudadanos sobre las ansiedades, los problemas matrimoniales y los conflictos familiares. Indagamos situaciones como la ausencia del trabajo, el aislamiento, el comportamiento antisocial y cualquier otro tema que pensamos que pudiera arrojar alguna luz, sobre el estado mental en general de las personas en la República Popular China.

A medida que hablamos, cada vez con más personas, se hizo evidente que los chinos se encuentran relativamente libres de trastornos siconeuróticos y de la personalidad. En otras palabras, en China existen muy pocos casos de depresión, ansiedad, temor y aislamiento; especialmente cuando se le compara con la sociedad occidental o con algunas otras naciones del mundo.

Durante las entrevistas, me interesó mucho el obtener información sobre la ausencia de los trabajadores de sus lugares de empleo, puesto que pensé que esto es señal de la clase de aislamiento que frecuentemente está relacionada con trastornos de la personalidad. Al hablar con las personas, acerca de esto, descubrí que los trabajadores chinos casi nunca están ausentes de sus trabajos, a no ser que se encuentren físicamente enfermos y recibiendo tratamiento en una clínica o en algún hospital. Por supuesto, nos dijeron que disfrutan de vacaciones y que a las mujeres se les conceden permisos para estar ausentes por casos de maternidad, pero van constantemente a sus empleos y les gusta el trabajo que realizan. Sin embargo, cuando insistí, preguntándole a uno de nuestros guías, finalmente pudo recordar a alguien a quien conocía, que había estado disgustado con su trabajo en un hotel y lo había dejado para irse a trabajar en una fábrica.

Cuando hablamos con directores y maestros escolares, tratamos de averiguar acerca de los problemas de comportamiento de los niños y los adolescentes. Todos estuvieron de acuerdo en que los problemas de comportamiento son poco frecuentes, aunque algunos niños son más lentos para aprender que otros. Los maestros dijeron que era muy raro que la conducta de un niño fuera tan perturbadora que tuviera que ser expulsado del aula. Un maestro pudo acordarse de un alumno que tenía dificultades con su comportamiento por causa de los problemas que habían en su hogar.

Otros problemas, que los maestros dijeron que habían sido erradicados, eran casos relacionados con la mala nutrición, el desempleo y (gracias en parte a un movimiento organizado en contra de esto) la adicción al opio. Dijeron que en ese momento no tenían esa clase de casos. Tampoco tenían problemas de alcoholismo, como resultado de los grandes cambios que han ocurrido en el espíritu, los hábitos, las costumbres y la actitud de la gente hacia el mundo. También, estos médicos se dieron cuenta de que los problemas relacionados con la ancianidad eran mínimos y vieron muy pocos casos de sicosis senil. Algunos de los entrevistados dijeron: «En nuestra sociedad los ancianos pueden vivir vidas útiles».

Antes que alguien me acuse de simpatizante del comunis-
mo quiero decir que son muchas las desventajas que existen en
ese sistema totalitario. Al pueblo chino se le niegan las libertades
fundamentales que disfrutamos en los países democráticos y
que no apreciamos como debiéramos. Ciertamente, me opongo
a un gobierno que prohíbe que sus ciudadanos viajen libremen-
te, se hagan miembros de sindicatos obreros, elijan a sus propios
líderes, tengan libertad de prensa y de religión, y todo lo demás.
Además es muy probable que el entusiasta informe, que el
doctor Lowinger obtuvo de los médicos chinos, se vio influen-
ciado grandemente por su patriotismo y celo revolucionario.
Pero, por otra parte, nosotros podemos aprender del éxito que
ha tenido China. Definitivamente considero que sería bueno
enseñar a nuestros hijos las virtudes de la cooperación y el
respeto a la humanidad. Después de todo, eso es lo esencial del
mensaje cristiano.

Estrategia #12
Desactivar la bomba de los sentimientos de inferioridad

Esta última sugerencia es una ampliación de una idea
mencionada brevemente en la Estrategia #9, titulada: Prepararse para la adolescencia. En ese punto dije lo siguiente: «No hay
ningún mejor servicio que los padres puedan prestarle a su hijo
preadolescente que "desactivar" la crisis de la autoestima, antes
que llegue, mostrándoles que es universal y temporal». Cuando
dije esto, me estaba refiriendo a la necesidad de tener una
conversación con el preadolescente para instruirle y explicarle
algunos de los problemas y preocupaciones que habrán de
suceder en los siguientes años. Ahora creo que ese esfuerzo por
instruir al niño debe comenzar, por lo menos, unos cinco años
antes.

Hasta cierto punto, toda la infancia es una preparación para
la adolescencia y para después de ella. Los padres disponen de
sólo una década para colocar el fundamento de los valores y las
actitudes que ayudarán a sus hijos a enfrentarse con las presiones y los problemas futuros de la edad adulta. Por lo tanto, sería
bueno que los que somos padres les hagamos saber a nuestros
hijos pequeños cuál es el significado del valor personal y cómo
deben preservarlo, puesto que cada ser humano tiene que enfrentarse a este asunto en algún momento de su vida.

Este proceso de instrucción debe comenzar desde que el niño está en el kindergarten, si no es antes. Por ejemplo, si tu hijo conoce a alguien que es demasiado tímido para hablar, y que ni siquiera puede mirarle de frente, podrías decirle: «¿Cuál crees que sea la razón de que a Pedro le da tanta vergüenza decirte lo que está pensando? ¿Crees que es porque no tiene mucha confianza en sí mismo?» Utiliza con frecuencia la palabra «confianza» como sinónimo de valentía y de seguridad en uno mismo. Cuando tu hijo participe en un evento, de la escuela o de la iglesia, felicítalo por tener la confianza de estar delante de un grupo de personas sin bajar la cabeza y retorcerse las manos.

Después, cuando esté en la escuela primaria, comienza a hablar de los aspectos negativos de la confianza en uno mismo. Habla con franqueza de los sentimientos de inferioridad y de lo que estos significan. Por ejemplo, podrías decirle: «¿Te diste cuenta de las tonterías que hizo David en la clase de esta mañana? Estaba tratando de que todos le prestaran atención, ¿no crees? ¿Por qué será que necesita que los demás se fijen en él constantemente? Quizá sea porque no se quiere mucho a sí mismo. Creo que está tratando de hacer que los demás lo quieran, porque piensa que nadie lo aprecia. ¿Por qué no tratas de hacerte su amigo y de ayudarle para que se sienta mejor consigo mismo? ¿Te gustaría invitarlo a pasar una noche en nuestra casa?»

Por medio de este tipo de instrucción, usted no sólo ayudará a su hijo a ser sensible a los sentimientos de los demás, sino que también le enseñará a comprender sus *propios* sentimientos de inferioridad. Cada año que pase debería entender más claramente la crisis de valor personal que todos experimentan. Sería bueno darle ejemplos de personas que han salido adelante, a pesar de tener profundos sentimientos de inferioridad (como Eleanor Roosevelt). Sin embargo, los *mejores* ejemplos que podemos darles a nuestros hijos son los de las luchas que tuvimos nosotros cuando éramos adolescentes. La meta es que cuando el niño o la niña llegue a los años de la adolescencia esté armado de cuatro conceptos específicos: (1) todos los adolescentes experimentan momentos en los que no se gustan mucho a sí mismos; (2) la mayoría de los adolescentes piensan que son feos y tontos, y que sus compañeros no los quieren; (3) lo peor de estos sentimientos de inferioridad no durará mucho, aunque la mayoría de los seres humanos tienen que enfrentarse, en ciertos momentos, a este tipo de sentimientos durante toda la vida; y (4) todos poseemos un valor increíble porque somos hijos del Creador, quien tiene un plan específico para nuestras vidas.

Esta estrategia me interesa mucho no sólo porque puede ayudar a producir una adolescencia saludable, sino porque nos conduce en la dirección de llegar a comprender a los demás seres humanos. ¡Y cómo necesitamos comprendernos unos a otros! Leí recientemente que, en el ochenta por ciento de los casos, las personas son echadas de sus empleos no porque carezcan de habilidades para cumplir con sus responsabilidades sino porque *no pueden llevarse bien con los demás*. Interpretan mal las intenciones de otros y reaccionan actuando de una manera agresiva o desobediente. Podemos disminuir esa posibilidad entrenando a nuestros hijos de tal manera que puedan «ver» a los demás de una manera más real, al mismo tiempo que conservan su propia dignidad y sentido de valor personal.

Un último comentario

Espero que no le causaré una sacudida violenta a ninguno de mis lectores al cambiar de dirección súbitamente. Pero no debemos concluir la edición revisada de este libro sin considerar el concepto bíblico sobre el «orgullo» y cómo se relaciona con la autoestima. Opino que ha prevalecido una gran confusión entre los seguidores de Cristo acerca de este tema. Algunas personas creen realmente que los cristianos deben mantener una actitud de inferioridad para evitar los peligros de la autosuficiencia y la arrogancia. No estoy de acuerdo con esto. Hace algunos años, después de haber hablado ante un público bastante numeroso en la ciudad de Boston, se me acercó una señora ya entrada en años que rechazaba mis puntos de vista sobre la importancia de la autoconfianza que los niños deben tener. Mis comentarios eran contrarios a su teología y me dijo: «Dios no quiere que yo crea que soy superior a un gusano» (me imagino que se refería a la analogía hecha por David en el Salmo 22.6).

«Me gustaría respetarme a mí misma», continuó diciendo, «pero Dios no aprobaría este tipo de orgullo, ¿verdad?»

Las palabras sinceras de esta señora me conmovieron. Me dijo que había sido misionera durante cuarenta años y que además había renunciado a casarse para servir mejor a Dios. Mientras trabajaba como misionera en el extranjero, contrajo una enfermedad y se debilitó tanto que llegó a pesar menos de cuarenta kilos. Mientras hablaba pude sentir el gran amor que el Padre celestial tenía hacia aquella sierva suya. Aunque literalmente había consagrado su vida al servicio del Señor, no consideraba que en los últimos años que le quedaban por vivir tenía el derecho de pensar que había realizado una buena labor.

Lamentablemente, a esta misionera (como le han sucedido a miles de otros cristianos) le habían enseñado que no tenía ningún valor personal. Pero esa enseñanza no procede de las Escrituras. Jesús no dejó su trono en el cielo para morir por los «gusanos» de este mundo. Su sacrificio fue por esa pequeña mujer, por mí y por todos sus seguidores, de los cuales Él no se avergüenza de llamarnos hermanos. ¡Qué concepto este! Si Jesús es mi hermano, eso me hace parte de la familia de Dios. ¡Y eso, mi amigo, es a lo que yo llamo: autoestima genuina!

Es verdad que la Biblia condena terminantemente el concepto del orgullo humano. En realidad parece que Dios tiene un aborrecimiento especial para este pecado en particular. He contado 112 referencias en las Escrituras que nos advierten específicamente contra las actitudes de orgullo. Esto es bastante claro en Proverbios 6.16-19:

> Seis cosas aborrece Jehová,
> Y aun siete abomina su alma:
> Los ojos altivos, la lengua mentirosa,
> Las manos derramadoras de sangre inocente,
> El corazón que maquina pensamientos inicuos,
> Los pies presurosos para correr al mal,
> El testigo falso que habla mentiras,
> Y el que siembra discordia entre hermanos.

Es interesante que «los ojos altivos», es decir, la altivez o arrogancia, ocupa el *primer* lugar en esta lista de los siete pecados que Dios más aborrece. Tal parece que está por encima del adulterio, la blasfemia y de otros actos de desobediencia. Y en vista de que la Palabra de Dios le da tanta importancia es mejor que conscientemente evitemos cometerlo, si es que deseamos agradar al Señor. Pero, primero debemos entender qué significa la palabra «orgullo».

Los idiomas tienen vida, y por lo tanto, a medida que pasa el tiempo, el significado de las palabras cambia. Y en este caso, la palabra «orgullo» tiene hoy muchos significados distintos de los que tenía en los tiempos bíblicos. Por ejemplo, un padre o una madre siente «orgullo» cuando su hijo o hija tiene éxito en la escuela o gana una carrera. Pero no puedo creer que Dios se disguste porque un padre se entusiasme, lleno de cariño, cuando piensa en el hijo o la hija que le fue encomendado.

También decimos que una persona se siente orgullosa por el trabajo que ha realizado o hablamos del orgullo que experimenta un buen cocinero. Estas son emociones muy positivas que significan que una persona está dedicada a la labor que realiza, que tiene confianza en sí misma y que llevará a cabo lo que se espera que haga. Es evidente que estas actitudes no pueden representar al principal de los siete pecados que Dios más aborrece.

También estoy convencido de que la Biblia no condena una actitud discreta de respeto de sí mismo. Jesús nos mandó que amemos a nuestro prójimo *como* a nosotros mismos y lo que quiso decir es que no sólo podemos, dentro de la medida de lo razonable, amarnos a nosotros mismos, sino que es imposible que amemos a los demás mientras que no nos respetemos a nosotros mismos.

Entonces, ¿cuál *es* el significado bíblico del orgullo? Creo que el orgullo pecaminoso es el que se manifiesta cuando tenemos una actitud de autosuficiencia arrogante que nos mueve a violar los dos mandamientos fundamentales de Jesús que son: primero, amar a Dios con todo nuestro corazón, con toda nuestra mente y con todas nuestras fuerzas; y segundo, amar a nuestro prójimo como a nosotros mismos. Una persona orgullosa es demasiado presumida y vanidosa como para inclinarse humildemente ante su Creador, confesar sus pecados y someterse a su voluntad; o puede ser que odie a su prójimo, y sea indiferente a los sentimientos y necesidades de las personas que le rodean. Podemos echarle la culpa de la mayoría de los males que existen en el mundo, incluso la guerra y el crimen, a este orgullo pecaminoso. Por eso, el autor de Proverbios habla de «los ojos altivos» como del peor mal que puede existir.

Permíteme enfatizar, más aun, que la búsqueda de la autoestima nos *puede* conducir en la dirección del orgullo inaceptable. Durante las dos últimas décadas hemos visto surgir la generación del «yo», que ha sido cuidadosamente fomentada por los sicólogos humanistas, quienes no aceptan los dictados de las Escrituras. Uno de los libros que tuvo mayor venta en esa época fue el titulado *Looking Out for #1* [Sea el número uno], que alienta a los lectores a reservar lo mejor para sí mismos. Algunos lemas muy populares reflejan esta misma actitud egoísta, como: SI TE GUSTA, ¡HAZLO! y HAZ LO QUE TÚ QUIERAS. Esta filosofía, de «primero yo», tiene el poder para hacer pedazos a nuestro mundo, ya sea que se aplique al matrimonio, a los negocios o a la política internacional.

Los seguidores de esta filosofía tienen el índice más alto de suicidios y divorcios, y la mayor incidencia de neurosis en los Estados Unidos. Su experiencia nos recuerda las palabras de Jesús: «Porque todo el que quiera salvar su vida, la perderá; y todo el que pierda su vida por causa de mí, éste la salvará» (Lucas 9.24).

En resumen, quiero afirmar lo que espero que hasta aquí haya sido evidente. Este libro no refleja la filosofía de «primero yo». No he sugerido que a los niños se les enseñe a ser arrogantes y autosuficientes o que se les incite a ser egoístas. (Esto sucederá sin que los padres los animen en lo más mínimo.) Mi propósito ha sido ayudar a todos los padres y las madres a preservar la salud espiritual, mental y física de sus hijos. Y espero que esta última parte de mi libro nos haya acercado más a esa meta.

Dios te ama a ti y a tus hijos. Y yo les amo también.

JAMES C. DOBSON